27, rue des Grands Augustins. 75006 Paris

ISBN : 978-2-35490-120-2

Site internet des éditions du Relié :
http://www.editions-du-relie.com

Jacques Salomé

LE COURAGE D'ÊTRE SOI

L'art de communiquer en conscience

le Relié

TABLE DES MATIÈRES

PRÉFACE

Si l'homme est un roseau pensant, selon la formule consacrée, l'humanité, elle, est en passe de devenir un « réseau pensant », et ce processus nous confronte plus que jamais à la necessité d'une réflexion sur le bon fonctionnement du système sur lequel il repose : celui de la communication.

En effet, de même qu'il existe divers « systèmes » – sanguin, respiratoire ou nerveux – régissant la vie interne de l'homme, on peut imaginer qu'un système, celui de la communication, régisse le bon fonctionnement d'un corps collectif, qui serait en quelque sorte l'organisme externe de l'homme vivant en société – système constitué de lois qui, plus ou moins bien connues et appliquées, feraient l'équilibre ou le déséquilibre au sein du groupe et, par extension, de l'espèce.

La société se construisant sur des liens d'échange et les rites qui les fixent, cette connaissance est, entre autres objets d'étude, celui des psychosociologues, et c'est déjà à ce titre que Jacques Salomé, dont la réputation n'est plus à faire en ce domaine, pouvait nous apporter l'éclairage de sa précieuse contribution. Mais comme toute connaissance touchant à l'humain, celle-ci est destinée à la célébration libre et renouvelée de la beauté et c'est encore un talent, et non des moindres, de l'auteur, que d'être habité de « l'état de poésie », qui fait aussi de son œuvre celle d'un artiste visionnaire.

Ce formateur en relations humaines est ainsi pour notre temps une sorte de « prophète social » dont les écrits inspirés visent à nous éclairer sur les rouages de la vie de l'homme communiquant, et c'est à une connaissance telle que celle qu'il délivre, l'élaboration d'une théorie et d'une méthodologie de la communication consciente, que nous devons avoir recours pour préparer, nous préparer, pour le bien-vivre, à l'avènement du réseau pensant.

Projet commun à l'espèce, réseau tissé d'informations, d'êtres humains en relation, il est de toute première importance d'établir et d'assurer les fondements de cette science, voire de cet art qu'est la communication, accessible à tous ; *en somme, d'énoncer un ensemble de règles destinées à « faire droites les autoroutes de l'information »...*

L'homme n'étant pas par nature destiné à la solitude, mais à la vie de groupe, il a été confronté depuis l'origine à la nécessité de créer dans le tiraillement des différences, des structures et des règles respectueuses des droits de chacun. C'est en nous faisant les témoins de son propre cheminement et les confidents de ses expériences qu'il nous initie à la découverte de ces règles et de ces lois.

Au-delà de cet énoncé, c'est plus qu'une théorie, mais bien une méthodologie pratique, une discipline de transformation qui apparaît, pour communiquer avec conscience, exigeant de la part de tous vigilance et détermination.

Le bouddhisme nous a appris, avec la pratique de Vipassana par exemple, comment grandir en mettant de la conscience dans le système respiratoire ; Jacques Salomé nous propose en quelque sorte une discipline à l'identique en mettant de la conscience dans le système communiquant du corps social.

Il s'agit là sans conteste d'un rendez-vous de première importance, qu'à l'aube du troisième millénaire il convient de ne pas manquer et dont les éditions du Relié se devait de témoigner. Quel meilleur ambassadeur pouvaient-elles trouver, en ouvrant cette nouvelle collection destinée à diffuser les valeurs de la conscience dans tous les champs d'action et de réflexion de l'homme social, que celui dont la vie a été consacrée à faire connaître les mêmes valeurs et qui a su toucher tant et tant de chercheurs.

En cette ère de transition, il faut entendre ou réentendre « l'appel lancé par mille sentinelles » ; voici celui d'un accompagnant des passages *et, s'il y est question du courage d'être soi, s'y trouve aussi, plus secrètement partagée, la dignité d'être l'autre de ce soi. Pour qui cherche parfois si loin le chemin de la charité, cette invitation à la communication consciente pourrait bien ouvrir celui des* nouveaux communicants.

Yvan Amar.

Merci à Maryse Legrand.
Elle seule sait tout ce que
je lui dois pour ce travail.

Pour chacun d'entre nous,
chaque trajectoire de recherche personnelle
dispose d'une place dans l'espace temps de l'univers.
Chaque existence a un rôle à jouer
dans la grande chorégraphie cosmique de l'histoire humaine.
Chaque chemin de vie, tendu entre la terre et le ciel,
y dessine ses volutes et ses arabesques,
ses tornades ou ses mouvantes circonvolutions,
soumis qu'il est à des aspirations contradictoires
entre ancrage ou enracinement, élan ou envol.
Nos errances oscillent entre expansion vers les autres
et retour, repli ou centrage sur soi.
Nous nous cherchons par bonds successifs,
trois pas en avant et parfois deux en arrière
quand ce n'est pas un saut nécessaire sur le côté.
La quête sans fin du meilleur de soi se meut
dans l'enclave de liberté qui s'offre à chacun
entre dette et créance, allégeance et autonomie,
à la lisière du défini et de l'indéfinitif,
du passé et de son devenir,
entre l'orient et le ponant de chaque être.

INTRODUCTION

Toute démarche spirituelle ouvre d'abord à la purification et au dépouillement, invite au carême du cœur et au jeûne de l'âme. Si elle passe nécessairement par le renoncement aux illusions, elle ne nous dispense pas pour autant d'un travail d'archéologie personnelle, c'est-à-dire d'une interrogation sur notre histoire, nos fidélités, nos répétitions et nos legs. Elle ne nous évite pas l'économie d'une clarification de nos croyances, d'une exploration des pièges et des malentendus qui nous ligotent ou nous entravent dans notre relation avec autrui ou avec nous-mêmes. Elle s'appuie sur un travail d'apprentissage pour nous donner des repères fiables et des points d'ancrage fermes, pour nous aider à nous situer dans le dédale des multiples sollicitations de la vie contemporaine.

Prendre conscience du possible d'une communication relationnelle ou communiquer en conscience : c'est de cette responsabilisation de conscientisation et d'engagement pour des relations plus authentiques dont il sera question dans ce livre.

J'ai souhaité proposer quelques balises tout en m'appuyant sur mon propre cheminement et sur celui des êtres qui ont marqué ma vie.

Car la soif de sens qui nous habite à certains moments de notre existence se méprend souvent et peut soit s'étancher à des breuvages juteux et pétillants, mais enivrants ou toxiques, soit se tarir dans des réponses abusives.

Si s'épanouir c'est réaliser un accomplissement intérieur, cet accomplissement doit néanmoins pouvoir s'inscrire dans une expérience du quotidien tissée et métissée par un réseau de relations vivantes et créatrices avec soi et avec autrui.

En même temps, toute démarche spirituelle fondée à la fois sur une aspiration à la transcendance et sur un besoin d'approfondissement nous accule au dénuement. Le risque encouru est celui d'un ébranlement et d'une rencontre douloureuse et bouleversante avec notre nudité psychique. Cette quête nous confronte à nos indigences affectives, à nos trop-pleins et à nos encombrements, à notre vacuité identitaire, au poids de nos certitudes, à nos faims et à nos failles, au dérisoire de nos valeurs, à nos vides et à nos carences en même temps qu'à nos béances et à nos monstres intérieurs, pour pouvoir déboucher – c'est l'espoir qui m'habite – sur une rencontre avec cette part de divin qui réclame sa réconciliation avec le tout.

Dans ces moments de déstabilisation durable ou transitoire qui caractérise tout changement, le recours à des repères valides et éprouvés est vivement conseillé et nécessaire, pour nous maintenir debout et ancrés dans notre axe. Des repères dignes de ce nom qui, sans dicter la marche à suivre, soient des balises pour le viatique du parcours, des lumières qui aident à rester sur la voie, sans empêcher pour autant la « queste » et le renouvellement des interrogations. D'autant qu'autour de l'aspiration à l'élévation spirituelle rôdent des menaces : maladie d'idéalité, décollage pas toujours très contrôlé vers des états de conscience différents ou atterrissage forcé dans les sables mouvants du quotidien aseptisé. En ce siècle finissant, la mondialisation galopante et l'extension vertigineuse des réseaux de communication de tous bords nous conduisent

– et nos enfants ou petits-enfants plus encore – à être livrés en pâture à notre toute-puissance infantile quand elle nous fait confondre la célébration et la consommation et nous amène à flirter périlleusement avec nos propres frontières intérieures.

Que le chemin est long et parsemé d'embûches pour donner sens aux manifestations banales et imprévisibles de la vie, pour traverser les apparences, pour atteindre un accord ! Avant de pouvoir devenir soi-même source, il nous faudra naviguer à l'estime ou être guidé pour trouver la voie.

La voie se présente tantôt comme un espace immense entre croyances et certitudes, tantôt comme un chemin étroit où vont se confronter intuitions, observations et expériences. Avant de parvenir à un clin d'œil d'éveil, nous aurons à parcourir toute une « itinerrance[1] » qui va de la recherche de la vérité, avec le risque d'une appropriation, à la nécessité d'un dépouillement. Il faut créer beaucoup de vide en soi pour naître au recevoir.

Ce n'est pas tant d'une pratique dont j'aspire à rendre compte, même si elle est présente dans mon existence, que d'une gestation dont je tiens à témoigner : celle qui fut la mienne en soixante ans de vie.

Au fond de la matière, nous avons su voir l'énergie. Au fond de l'énergie, nous avons su voir l'information. Au fond de l'information, saurons-nous voir la conscience ? Saurons-nous voir que l'information elle-même dépend de la conscience qu'on en prend, c'est-à-dire du sens qu'on lui attribue ?

XAVIER EMMANUELLI

---

1. Néologisme construit pour la circonstance à partir de *itinéraire* et *errance*.

Les naissances de ma vie

Aussi loin que remonte ma mémoire dans le temps de mon histoire, me reste de ce parcours le sentiment que ma vie n'est qu'une succession de naissances, chacune apparaissant comme une étape marquée par la pierre blanche d'une prise de conscience significative et décisive. Ainsi toute mon existence a-t-elle été traversée de naissances, d'accouchements et de mises au monde dont chacune a contribué à me faire naître à l'homme que je suis devenu.

Ce sont quelques-unes de ces naissances que je vais évoquer, car chacune constitue à la fois un point d'ancrage, une source d'expansion et un appel à plus de vie.

L'enfant que j'ai été, l'homme que je suis devenu – et que je deviens chaque jour un peu plus – est le résultat de chacune de ces naissances.

Et si aujourd'hui ma passion pour les relations humaines est si tenace, si ma vision peut-être utopique demeure toujours actuelle, intacte, et aussi vitale, si ma volonté de proposer à chacun l'exigence d'un apprentissage de la communication relationnelle – et par exemple qu'on puisse apprendre un jour la communication à l'école, au même titre que le calcul, l'histoire, la géographie ou le français – est toujours aussi forte, je dois cet enthousiasme aux rencontres, aux étonnements, aux découvertes qui ont surgi à tous les âges de ma vie.

Il y a encore, je le sens, bien d'autres gestations à engranger, bien d'autres naissances à venir et d'autres expériences à vivre ! Elles s'appuieront sur quelques balises, sur quelques repères fermes, inspirés de cette référence que je tiens de la sagesse légendaire de ma grand-mère et de cette injonction assertive : « À défaut de père, il faut avoir des repères ».

Je sens en moi, profondément inscrites, quelques règles de vie auxquelles je tente d'être fidèle et que je m'emploie à respecter en priorité, quelles que soient les autres urgences ou les contraintes qui pèsent sur moi. Parmi elles :

- une admiration et un étonnement sans limites pour les enfants et leur combat à devenir autonomes, adultes, créateurs ;
- un respect profond des femmes, de leur mystère et de leur générosité ;
- le souci permanent de me responsabiliser face à tout ce qui m'arrive ;
- la croyance aujourd'hui inébranlable que je suis porteur, comme chaque être humain, d'un cadeau fabuleux, celui de la vie que j'ai reçue en dépôt, dès ma conception. Cadeau immatériel mais très réel et tangible, constitué d'une somme, d'une masse d'énergie et d'amour universel qui m'est confiée et qu'il m'appartient, comme à tout homme et à toute femme, d'accroître de façon singulière, avec le plus de liberté possible.

Il est bien de ma responsabilité en effet :

- soit de simplement consommer, dépenser cet amour, cette énergie ;
- soit de l'amplifier et de l'agrandir.

Et suivant l'un ou l'autre des choix pour lequel j'aurai opté, selon l'orientation que j'aurai donnée à mes principaux engagements, au moment du passage vers un au-delà ou un ailleurs différent, autrement dit à la fin de mon cycle de vie, je rendrai, diminuée ou enrichie, rognée ou multipliée, à la masse commune, au fonds commun de l'univers, la réserve d'énergie et d'amour qui m'ont été initialement transmis en dépôt.

Prendre conscience que ma vie a été une succession de naissances aura eu comme conséquence de me responsabiliser pour m'engager et agir. Ces naissances furent nombreuses, multiformes, imprévisibles, étonnantes et si diversifiées qu'elles ont suscité chaque fois de l'émerveillement et de l'enthousiasme, au-delà de la détresse, de la déstabilisation et de la remise en cause qu'elles ont provoqué.

NAISSANCE À LA JALOUSIE

Une des premières naissances de mon histoire dont je me souvienne est la naissance au désarroi, à la jalousie, au chaos, lors de l'arrivée de mon frère. J'avais quatre ans et, soudain, mes repères familiers ont disparu. La présence de maman n'était plus la même, les odeurs, les bruits, le rythme de la maison avaient changé. J'avais brusquement le sentiment que je ne valais plus rien, que personne ne pouvait m'aimer, surtout pas ma mère, puisqu'elle n'avait d'attention que pour lui, cet intrus qui venait de faire irruption dans mon univers.

Aujourd'hui, je sais – non seulement avec ma tête mais avec ma sensibilité actuelle – que j'ai été aimé, que je n'ai manqué d'aucun soin ; dans mon vécu d'enfant de quatre ou cinq ans, cette expérience fut cependant terrible et terrifiante, une véritable révolution.

Deux photos gardées précieusement dans l'album familial témoignent de cette période. Sur l'une, un petit garçon en costume de marin, blond, souriant, adorable. « On le croquerait tellement il est mignon ! » sont les paroles que j'entends encore proférer au-dessus de ma tête. Sur l'autre, un enfant au crâne rasé ; j'ai l'air d'un bagnard ou d'un mendiant affublé d'un vieux manteau, les poings dans les poches, les yeux durs et la bouche violente... Entre ces deux instantanés... mon frère est né.

NAISSANCE À L'AMITIÉ

À sept ans, j'avais un petit voisin, Marcel, qui était devenu mon ami « à la vie à la mort », comme on l'assure à cet âge-là. Avec lui j'ai découvert la confiance, l'engagement dans la parole donnée, la solidité d'une amitié, la sécurité que procure l'acceptation inconditionnelle. J'étais aimé et accepté tel que j'étais et non pas tel qu'on aurait voulu que je fusse. Nous étions inséparables, je veux dire que nous respirions les mêmes émotions et nous émerveillions des mêmes découvertes. C'était lui ou c'était moi. Nous traversions la vie, invincibles, indestructibles et si confiants !

Je vivais dans un quartier populaire et les guerres d'enfants éclataient fréquemment : rivalités de territoires, de modes, de héros. Nos imaginaires se combattaient plus que nos corps, mais la violence était parfois de mise.

J'ai ainsi perdu une dent au cours d'une bagarre à la fronde... et mon corps garde la trace de nombreuses cicatrices de cette époque. Mais j'avais la certitude absolue que, quoi qu'il arrive, je pouvais compter sur Marcel, m'appuyer sur lui pour affronter n'importe quelle péripétie de ma vie d'enfant.

NAISSANCE À L'ÉTAT AMOUREUX

J'avais sept ans toujours. Elle s'appelait Michèle, elle habitait tout près de chez nous. Quand le matin je la voyais traversant la rue pour aller à l'école, je la suivais, puis j'entreprenais un grand détour pour ne pas passer devant l'école des filles. Pudeur, gêne, sentiment trop fort de la différence.

Que d'émois, que de troubles quand je la croisais ! Le temps d'un seul coup se distendait, l'air devenait plus vif, clair, toutes les forces de la nature semblaient en éveil, prêtes à faire éclater mon corps soudain trop étroit. L'univers festoyait de mes sensations et de mes rêveries. La saveur d'un instant, les vibrations de l'indicible, la coloration de chaque minute... tout concourait à vivifier l'amour qui m'habitait.

Ainsi, à l'église que nous fréquentions elle et moi, l'instant le plus exquis survenait au moment de rejoindre la table de communion. C'était avant la mixité, à l'époque où, à l'école comme à l'église, on avait le souci de ne pas compromettre les bonnes mœurs et où, pour ne pas soumettre les enfants à la tentation, on prenait la précaution de séparer les filles et les garçons. Être élevé dans ce contexte donnait aux rêveries et à la rencontre avec l'autre sexe l'attirance du fruit défendu. Je m'arrangeais toujours pour être à la place rigoureusement symétrique à la sienne, et gare au malotru qui aurait prétendu l'avoir « réservée » ou qui se serait avisé de s'installer à cet endroit : j'étais prêt à déclencher un scandale !

Je n'ai jamais retrouvé, depuis, la force, l'intensité des sentiments, des émotions qui m'ont traversé à cette époque. L'inouï de ce ressenti est à jamais inscrit dans mon corps. J'en garde les germes au plus précieux de mes possibles.

NAISSANCE À LA LECTURE ET À LA RELATION

À neuf ans, j'ai été atteint de tuberculose osseuse et suis parti en sanatorium dans les Pyrénées, à 1 800 mètres d'altitude. Je suis resté alité durant quatre ans, dans le plâtre des pieds à la poitrine, avec pour seul paysage une montagne immobile appelée le Cambre d'Aze, « le dos d'âne », et pour horizon un ciel immense, si lumineux qu'il égarait les regards.

C'est là que j'ai découvert la lecture. Mes parents étaient d'origine extrêmement modeste, ni l'un ni l'autre n'avait fait d'études ; quelques rudiments d'écriture, de calcul, et beaucoup de bon sens, tel était leur bagage. Cependant, ils avaient curieusement, inscrit en eux, le sentiment du sacré et de la vérité infaillible devant la chose écrite. « Ce doit être vrai puisque c'est écrit », concluait respectueusement ma mère dans une formulation où les considérations morales et civiques, empreintes du sens du devoir et de l'obéissance, tenaient lieu d'ordonnancement des causes et des conséquences et prenaient le pas sur la logique du raisonnement, obérant tout esprit critique.

En sanatorium, où je ne me déplaçais que sur un lit roulant, j'ai découvert cette fabuleuse liberté que procure la lecture autour des voyages imaginaires, la possibilité de s'identifier aux héros, celle de créer des mondes, de ciseler des situations ou d'inventer la vie. Quelle période merveilleuse ! Je surprends souvent mes proches quand j'évoque le bonheur de cette séquence de vie où, immobile, je jouissais pourtant d'une liberté fabuleuse, celle de rêver.

NAISSANCE À LA COMMUNICATION RELATIONNELLE

Pendant longtemps j'ai été une sorte de barbare sur le plan de la communication. Quand je revois mon adolescence, je n'en perçois qu'une série d'humiliations, d'injustices, d'incompréhensions, une succession de malentendus et de passages à l'acte. J'étais un véritable infirme relationnel, un handicapé des mots, un blessé du partage.

J'ai découvert plus tard, dans ma vie d'adulte, le pouvoir des mots et des idées, la richesse de l'échange dans des discussions interminables sur l'amour, la mort, la vie, la femme, les voyages. La vie s'est alors élargie. Tout devenait sujet à confrontations, à interrogations, et ouvrait sur des cheminements vers plus de cohérence, avec une capacité d'engagement et d'autonomie concrète. Tout cela se traduisait par un enracinement plus profond et une consistance plus ferme.

NAISSANCE AU SAVOIR

Je veux dire naître à un savoir-être plus centré. Je suis né à ce savoir avec le début d'une thérapie analytique. Jusqu'alors je possédais des savoirs, des savoir-faire. J'avais obtenu quelques diplômes et je croyais, jeune adulte, que ces bagages suffisaient pour me lancer dans la vie et réussir ! En Rastignac des temps modernes, j'envisageais la conquête du monde en termes de pouvoir, d'influence et, surtout, de reconnaissance. Ce besoin d'être reconnu, valorisé, confirmé a structuré une partie de mon existence.

Dans mon parcours thérapeutique, j'ai découvert une autre façon d'être au monde plus créative, plus dynamique, moins réactionnelle et moins violente vis-à-vis de moi-même. J'ai ainsi commencé tardivement une éducation à la conscientisation, qui m'avait fait si douloureusement défaut jusqu'à l'âge de trente ans.

NAISSANCE À L'AMOUR ET À LA SEXUALITÉ

Se sentir aimant, amoureux, enflammé et aimé, se vivre désirant et habité de la présence d'un(e) autre, quelle révolution éblouissante dans la vie d'un être !

Être amoureux, c'est connaître un état particulier qui nous donne une vitalité, une énergie et une créativité rares.

Être amoureux, c'est se découvrir des potentialités inexplorées, c'est, d'une certaine façon, être porté et transporté vers le meilleur de soi dans la rencontre avec le merveilleux et l'imprévisible de l'autre.

NAISSANCE À LA CRÉATIVITÉ

À vingt-deux ans j'ai mis un terme à mes activités de comptable, mon premier choix professionnel. Je suis devenu potier, puis sculpteur sur bois et sur métal. Pendant deux ans, j'ai vécu dans un endroit magique, un espace hors du temps, dans un manoir de la fin du XIXe siècle qui avait été offert en cadeau d'adieu à sa maîtresse, une princesse russe, par celui qui devint Édouard VII. Tout autour, trois cents hectares de forêt, de silence surtout, avec un ciel changeant à chaque instant, tenaillé par les grands vents d'ouest.

Pendant ces deux années, j'ai vécu dans l'odeur du bois et du métal, dans une effervescence incroyable. Je m'éveillais chaque matin empli d'une multitude d'idées et de maints projets à réaliser d'urgence. J'étais absorbé et mû par le besoin de m'affronter à la matière, d'être dominé par elle dans un premier temps, puis de la soumettre. Je garde de cette période un réservoir d'énergies, une potentialité non entamée à affronter l'imprévu.

Issu d'un milieu populaire, où rien ne m'a jamais été donné, où tout était à conquérir, il me semble que je me suis toujours construit à partir de difficultés. Chaque épreuve, chaque contrainte ou obstacle devenait une stimulation ou me donnait accès à une réserve d'enthousiasmes et d'élans.

Si, généralement, je me sens tout d'abord ébranlé par un refus, par un rejet, par une mise en doute, dans un second temps j'affronte la situation et je me bats. Non pas tant pour gagner que pour retrouver le respect de moi.

NAISSANCE À LA PATERNITÉ

J'ai conçu mon premier enfant, une fille, à vingt-trois ans. Mais je ne suis devenu père que bien plus tard. C'est ce bébé qui m'a transformé en père, et en papa.

Elle avait six mois et, pour la déposer chez sa nourrice, je parcourais soir et matin, à pied, trois kilomètres de forêt.

Je la tenais contre ma poitrine, dans une espèce de sac que j'avais confectionné pour elle. Tout au long du chemin, elle gazouillait constamment, me parlait surtout avec les yeux, avec des mimiques étonnantes d'intensité, avec des gestes chaque jour inventés.

Elle m'a appris à écouter, à donner, à recevoir et à dire non, aussi. Tout le b-a ba de la communication, c'est avec elle que j'ai commencé à le découvrir et à le mettre en pratique avant de continuer à l'approfondir avec mes autres enfants.

NAISSANCE À UNE PAROLE PERSONNELLE

Nous avons tous été dépossédés de notre parole par ceux qui étaient censés nous la donner : nos parents. En parlant sur nous, en nous dictant le plus souvent nos besoins, nos sentiments, nos comportements, ils nous ont dépossédés de la possibilité de reconnaître et de dire un ressenti personnel. Nous nous construisons, pour la plupart d'entre nous, sur ce malentendu.

C'est vers trente-deux ans que j'ai découvert une parole propre, dont j'entendais véritablement pour la première fois l'écho dans mes oreilles, avec des mots qui n'étaient plus empruntés à d'autres.

Découverte inouïe de quelques-uns de mes possibles avec, en même temps, l'irruption de désirs si nouveaux qu'ils me renvoyaient pêle-mêle à des contradictions, à des conflits de fidélité qui ont jalonné douloureusement toute cette époque.

C'est dans cette période de trente à quarante ans que j'ai accédé, en quelque sorte, à l'homme que j'étais vraiment... en renonçant aux rôles attribués, aux modèles prédéfinis ou préétablis, en sortant des injonctions, en renonçant à l'approbation, en acceptant la part de solitude et d'incompréhension que suppose toute démarche de changement.

Oui, à près de quarante ans, j'ai découvert combien je vivais dans la non-affirmation, combien j'avais été un enfant conformiste, fidèle, chargé de fidélités, de missions de restauration !

NAISSANCE À L'ÉCRITURE

Vers trente-quatre ou trente-cinq ans environ, après une relation amoureuse trop fusionnelle, j'ai éprouvé le besoin impérieux de me dire et celui d'être entendu, voire reconnu. C'était comme une fringale vorace et insatiable qui ne semble d'ailleurs pas encore totalement apaisée.

Le résultat en fut un livre sous forme de roman, *Je m'appelle toi*, qui m'a valu un courrier considérable. Des centaines de femmes et d'hommes, de femmes surtout, se sont reconnues dans l'aventure amoureuse que je décrivais.

Certaines m'ont même agressé, me reprochant de me cacher sous un nom d'homme, car « seule une femme, prétendaient-elles, pouvait avoir décrit avec autant de vérité la relation amoureuse féminine » ! Je naissais aussi à cette part de féminité qui, depuis, n'a cessé de grandir et de me compléter.

Après avoir écrit ce roman, travail de libération, de conscientisation si important, je n'ai plus cessé d'écrire, surtout pour mon métier de formateur en relations humaines, dans un souci de rigueur, de cohérence, et pour mieux cerner le fil conducteur de mon activité.

J'ai ainsi beaucoup écrit sur les cinq grandes relations qui structurent la vie de tout être humain :

• La relation à soi-même ou comment être un bon compagnon pour soi, apprendre à se respecter, à se donner une valeur, bref à s'aimer.

• La relation amoureuse ou de couple, quand la rencontre s'inscrit dans un projet de vie en commun.

• La relation aux enfants, quand on en a, quand on est amené à les côtoyer, car ils nous prolongent ; ils sont l'avenir de l'humanité. La relation avec eux est essentielle, car elle nous renvoie constamment à l'enfant qui est demeuré en nous. Le propre d'un enfant, c'est de pouvoir réveiller avec une ténacité incroyable, avec un courage étonnant, les blessures cachées, non dites de notre histoire.

• La relation à nos propres parents, pour nous les ex-enfants. Relation toujours chargée de difficultés, de contradictions entre les sentiments et les relations de contrôle ou de dépendance qu'ils nous proposent souvent, quel que soit notre âge. Relations trop souvent énergétivores qui doivent être sans cesse rebalisées, réclarifiées, réaffirmées.

• La relation au divin, c'est-à-dire à cette part d'inaltérable qui nous habite et qui nous relie à l'infinitude du tout.

NAISSANCE À LA LUCIDITÉ

Un peu plus tard encore, une autre naissance a traversé ma vie, celle qui m'a permis de sortir des contes et des histoires que je me racontais, en faisant le deuil de mes illusions, démarche parfois aussi douloureuse que le deuil d'une personne.

Je suis né à la lucidité à travers deux principales découvertes :

• En acceptant que je suis responsable de ma propre vie, en ce sens que je suis partie prenante de tout ce qui m'arrive.

• En prenant conscience de l'impact de la culture messianique dont j'ai été imprégné ; en réalisant la force et la puissance des conditionnements issus de cette culture qui nous amènent précocement à attendre du ciel, d'un sauveur, d'un événement ou de l'autre qu'il fasse pour nous, qu'il apaise notre souffrance, qu'il réponde à nos attentes.

NAISSANCE À LA RÉCONCILIATION, À L'UNIFICATION DE SOI

Nous sommes porteurs de nombreuses situations inachevées. Nous avons engrangé, au cours de notre histoire, des blessures liées aux violences, aux déconvenues, aux déceptions et aux frustrations que nous avons connues.

Ce sont ces violences internes qui entretiennent, qui maintiennent à vif les blessures accumulées dans notre vie, et qui sont à l'origine des souffrances actuelles, qui se réveillent parfois avec une brutalité ou une soudaineté qui nous surprend.

NAISSANCE AU SYMBOLIQUE

Le symbolique est un des chemins possibles pour accéder au divin qui est en nous. Certains mettent le divin au-dessus d'eux, dans le ciel ou dans le cosmos, ils lui donnent un nom, lui consacrent des rituels, l'appellent ou l'apaisent par des prières. Je crois pour ma part que le divin est en chacun de nous : il est ce noyau, cette particule indestructible qui relie chacun à l'univers et lui confirme qu'il a bien une place dans le tout. Aujourd'hui, beaucoup d'entre nous sont des infirmes du divin, restent des handicapés du sacré.

En effleurant ainsi quelques-unes des naissances qui ont jalonné ma vie, j'ai touché du doigt ce qui me semble le fil rouge d'une existence humaine : accéder au meilleur de ses possibles, avoir le courage de devenir soi.

Si l'existence éternelle se transforme,
elle doit devenir plus belle.
Si elle disparaît, elle doit revenir
avec un aspect plus sublime.
Et si elle dort, elle doit rêver d'un meilleur éveil.
Car elle est plus grande chaque fois qu'elle renaît.

KHALIL GIBRAN

Zones d'ombre ou zones de méprise dans notre personnalité

Chacun de nous possède un potentiel psychologique et relationnel qui se structure autour de deux sortes de composantes :

• Des composantes positives qui agiront comme de véritables moteurs ou comme des stimulations qui pourront contribuer à illuminer notre vie.

• Des composantes négatives ou marginales qui pourront à l'inverse constituer autant de freins, de limitations ou de contraintes susceptibles de grever ou d'assombrir notre existence de zones d'ombres et de difficultés.

L'ensemble des composantes positives et négatives participent de façon active à la structuration de notre personnalité profonde et de nos relations au monde et aux autres.

Nous pouvons considérer que les composantes négatives, qui nourrissent en quelque sorte la part d'ombre et la dimension conflictuelle de notre potentiel relationnel, s'organiseront en chacun de nous autour d'une constellation de caractéristiques ou de traits dominants.

Elles fonctionnent au maximum quand elles sont entretenues, sollicitées, réactivées, stimulées ou exacerbées par l'attitude ou la composante dominante de l'autre. Elles fonctionnent au minimum quand elles sont minorées, atténuées ou maintenues en sourdine par la complémentarité de la dominante de l'autre.

C'est dire l'importance et l'attention à accorder à ce que l'autre stimule ou inhibe en nous lors des multiples rencontres ou des relations significatives de notre vie.

Quand une dominante est majorée à l'excès, elle peut déboucher sur des comportements excessifs, voire pathologiques, qui risquent de s'inscrire durablement en tendances chroniques ou en organisation de caractère.

Il appartient à chacun de développer une responsabilité de conscientisation portant sur sa composante dominante... élective ou préférée et, au-delà de cette lucidité par rapport à soi, de rester également vigilant et attentif pour ne pas se laisser entraîner par les réactions de l'interlocuteur auquel nous avons affaire quand nous ouvrons ou engageons une relation avec lui.

PRÉSENTATION SUCCINTE DES PRINCIPALES COMPOSANTES NÉGATIVES DE NOTRE PERSONNALITÉ

La liste des composantes sélectionnées ici n'est pas exhaustive et emprunte certains termes à des catégories existantes. On distingue dans ce domaine deux grands types de classifications.

Les unes sont surtout descriptives, établies à partir d'un inventaire de la constellation des caractéristiques au long cours et des traits de personnalité les plus observables chez une personne donnée.

Les autres sont dites structurales et reposent sur l'analyse dynamique de l'ossature plus profonde de la personnalité. Elles s'appuient en particulier sur la prise en compte de trois critères principaux que sont la nature des angoisses et des peurs habituelles de cette personne, les moyens ou les mécanismes les plus courants qu'elle met en œuvre pour se défendre ou se protéger (leur nature, leur variété, leur souplesse ou leur rigidité) et, enfin, la manière dont elle entre en relation avec les autres et le monde qui l'entoure. Ce sont ces modalités relationnelles qui seront privilégiées et retenues en priorité ici.

La composante sadisante ou masochique

Le moteur principal de cette composante sera issu de la recherche du plaisir à faire mal ou à avoir mal, de la jouissance trouvée dans le fait de se disqualifier, de se nier ou de saboter les réussites possibles. La souffrance est parfois investie comme source de plaisir dans une ultime tentative de garder le contrôle et la domination dans une situation où les rapports de force ne nous sont pas favorables.

Le masochiste s'entretient dans des conduites d'échec. Il se plaint de ne vivre que des malheurs et, en même temps, il trouve toujours des excuses ou de bonnes raisons pour les justifier. Il ne sait guère profiter des moments de plaisir ou de ses réussites. Il accepte de faire pour autrui des actions qui demandent un sacrifice excessif de soi. Il repousse les offres d'assistance ou de conseil. En se disqualifiant, il disqualifie implicitement celui qui voudrait l'aider, lui montrant qu'il a bien peu de valeur pour se rendre disponible ou s'intéresser à quelqu'un qui en vaut si peu la peine.

Il ne sait pas recevoir un cadeau ou un compliment. Cela est fréquent chez d'autres composantes, mais lui, quand il répond : « Il ne fallait pas », il le pense vraiment, sans fausse modestie, il se vexe et il en souffre. Une preuve[1] : si vous lui offrez un cadeau vraiment très beau

1. *Cf.* Alberto Eiguer, *Petit Traité des perversions morales*, Bayard éditions, 1997.

et coûteux, vous constaterez plus tard que, comme par hasard, il s'abîmera ou le cassera.

La dominante se construira autour d'une structuration sadomasochiste, avec soit une érotisation de la souffrance reçue, soit un plaisir pris à la souffrance donnée.

L'évolution pathologique de cette dominante débouchera sur des perversions avec des humiliations, des tendances à restreindre l'autonomie des proches, des comportements autodestructeurs et destructeurs.

La composante hystéroïde

Son support sera constitué par un investissement important du corps en représentation, avec des manifestations gestuelles et des expressions corporelles excessives, exagérées, dramatisées, théâtrales, décalées ou disproportionnées par rapport à l'élément déclencheur ou à la situation vécue ; par une manière générale de se comporter à base d'excitabilité, de réactivité émotionnelle peu authentique et réveillée par des sollicitations ou des stimulations même minimes.

La tolérance aux frustrations ou aux retards de gratifications est faible.

La dominante sera un ancrage relationnel de type hystérique. L'expression pathologique débouchera sur des crises hystériques excessives, incontrôlées.

La composante paranoïde ou paranoïaque

Elle s'appuiera sur un état récurrent de méfiance, un sentiment de persécution, de rejet, d'exclusion, de non-amour ou de déni, le tout basé sur une lutte profonde et constante contre toute forme de dépendance relationnelle.

Ces ressentis basculent ensuite vers des positions marquées par l'exacerbation du sentiment de menace. La forme paranoïde se caractérise par de la méfiance, avec des attitudes persécutrices par rapport à autrui, des accusations, des mises en cause, des comportements procéduriers, une attitude permanente de doute vis-à-vis du reste du monde.

Dans le versant paranoïaque, c'est la lutte contre le risque d'attaque ou d'intrusion en provenance de l'extérieur qui est dominant, avec une attitude marquée par une grande prudence, la tendance à attribuer à l'autre des intentions de nuire ou de tromper, le ton docte, le recours aux évidences et aux certitudes. La méfiance est circonscrite aux personnes plus qu'aux situations.

La dominante paranoïde se développe sous des formes variées qui s'étendent du contrôle à la persécution et à la menace, et qui peuvent même aller jusqu'à des passages à l'acte. Certaines formes de jalousie aiguë et de possessivité peuvent alterner avec des phases de repli défensif agressif sur soi-même.

La forme pathologique en sera la paranoïa, qui donne à celui qui en souffre ou qui en est atteint le sentiment aigu, envahissant et permanent que l'autre est un ennemi potentiel, un être dangereux ou nocif, une menace. Cela peut déboucher sur des fantasmes et des passages à l'acte visant à l'élimination et la destruction d'autrui.

La composante phobique

Elle est surtout caractérisée par la peur persistante d'une situation ou d'un objet donné, par la recherche de réassurances, le recours à l'évitement des situations ou de l'objet qui déclenchent de l'angoisse ou qui réactivent un sentiment d'insécurité. En dehors de ces situations ou de ces objets bien circonscrits, la personne n'apparaît pas angoissée et se défend de l'être. Le risque est celui d'une généralisation des situations anxiogènes. La composante phobique peut entraîner une réduction durable du potentiel d'action et évoluer en phobie sociale. Dans sa forme dominante, elle peut déclencher des inhibitions, des blocages relationnels et des paralysies diverses qui entraînent des limitations importantes et invalidantes dans la vie au quotidien (difficulté à se déplacer seul(e), impossibilité de faire ses achats dans certains lieux comme les grandes surface ou à l'inverse les petits commerces, peur d'être pris de panique chez le coiffeur, peur de se mettre à trembler en prenant son verre ou sa tasse de café...)

La composante obsessionnelle

Elle est composé d'attitudes de contrôle, de méticulosité, avec une compulsivité au rangement, à la vérification, avec une organisation paperassière ou rigoureuse de la vie, sans fantaisie. Elle suscite des rigidités et des comportements répétitifs très énergétivores (pertes de temps considérable, par exemple). Elle est assortie le plus souvent d'une inquiétude latente vis-à-vis de l'imprévisible et de toute forme de « hasard » qui empêche de vivre le présent et de s'abandonner à la richesse de l'instant, avec des mécanismes de défense à base de rationalisations, d'intellectualisation.

La dominante obsessionnelle se traduit par une recherche visant à classer, ranger, contrôler, ritualiser à l'extrême pour désaffectiver les choses, anticiper le futur en oubliant de vivre le présent, avec des rétentions importantes, une difficulté à donner et à recevoir.

La forme pathologique en sera l'envahissement de l'esprit par des doutes, des compulsions, par des peurs irrationnelles entraînant isolement, repli sur soi et provoquant parfois des angoisses paralysantes. Le principal des énergies est mobilisé ou réquisitionné pour éviter l'émergence de l'angoisse et des conflits internes.

La composante instabilité des humeurs ou des comportements

Elle se reconnaît à la variabilité cyclique des émotions et des sentiments pouvant entraîner l'apparition de comportements irrationnels et imprévisibles sans commune mesure avec les situations vécues.

Ce qui caractérise cette composante, c'est l'alternative de phases d'excitabilité (fausse joyeuseté ou gaieté excessive, agitation, logorrhée) et de phases de découragement, d'abattement, de déprime, de non-confiance en soi ou de doute et de confusion.

La dominante, fondée sur une alternance imprévisible des phases d'excitation et de dépression, semble souvent quasi indépendante des stimulations extérieures.

La forme pathologique en sera la maniaco-dépression pouvant aller jusqu'au délire avec une production d'actes et de conduites inadaptés qui inquiètent et culpabilisent l'entourage. Elle peut conduire à des suicides ou à des dépressions profondes.

La composante narcissique

L'ego envahit tout l'espace social, avec une incapacité à se décentrer et à tenir compte d'autrui et une manière d'être basée sur un sens grandiose de sa propre importance, une surestimation de ses réalisations ou de ses capacités, avec des attentes d'être reconnu comme exceptionnel alternant avec des phases de découragement fondées sur le sentiment d'être nul ou indigne.

C'est que la manière d'être habituelle est régie surtout par un idéal de soi très élevé qui n'admet pas les erreurs ou les tâtonnements. Le sentiment correspondant est plus celui de honte que de culpabilté, et les réactions sont davantage des crises de rage contre soi que de colère contre l'autre.

L'autre est utilisé comme faire-valoir ou pour parvenir à ses fins, traité comme quelqu'un dont la fonction est surtout de renforcer l'estime de soi pour soi.

Si, dans sa forme ordinaire acceptable et même souhaitable, la composante narcissique correspond à une forme d'amour de soi ouverte et bienveillante, la manifestation concentrée et pathologique est cette part d'amour de soi qui s'aime comme objet et plus que tout autre.

Elle se fonde sur l'illusion d'être le centre et le maître du monde et repose, lorsqu'elle exhibe sa toute-puissance, sur une contradiction. Toute tendance narcissique exacerbée s'affirme et se proclame suffisante, alors qu'elle a dans le même temps besoin de la présence d'un autre qui la reconnaisse et l'approuve. Le narcissique peut exercer un véritable terrorisme relationnel, car il ramène tout à lui-même. Tout se passe comme si le monde entier devait le reconnaître. On retrouvera inévitablement des personnes présentant cette composante à des postes de pouvoir qui bien sûr les attirent[1].

La composante perverse

Cette composante est délicate à définir en quelques mots tant le terme fait l'objet d'amalgames et d'usages réducteurs. Il est d'autant plus important d'en dire

1. Lire à ce propos *La Folie cachée des hommes de pouvoir*, Maurice Berger, éd. Albin Michel, 1993.

quelques mots qu'elle est peut-être, parmi les composantes évoquées ici, celle qui est la plus difficile à reconnaître en soi et à identifier chez l'autre.

La composante perverse se nourrit, dans ses formes les plus structurées, du plaisir à faire mal et à faire souffrir. Mais elle se caractérise surtout par une manière particulière d'entrer en relation avec l'autre, réduit au statut d'objet. La relation perverse se définit par une forme de relation abusive d'emprise qui est la forme la plus extrême de la relation inégalitaire. Elle se reconnaît à « l'influence qu'un partenaire exerce sur l'autre et ceci à l'insu de ce dernier[1] ». Elle s'oppose à la relation de maîtrise obsessionnelle qui repose sur une différenciation nette entre soi et les autres. La relation d'emprise perverse capte le partenaire ou l'interlocuteur par des attitudes séductrices très habiles qui lui assignent un rôle de double ou de miroir. Par exemple, l'emploi du « on » ou du « nous » dans ce cas n'a pas la même valeur que le « on » fusionnel. C'est un « on » qui inclut l'autre sans lui demander son avis, comme s'il était évident qu'il soit complice et qu'il ne puisse rien vivre, ressentir, percevoir ou penser d'autre que celui qui parle.

Les procédés relationnels de cette nature ne manifestent pas l'opposition massive des organisations psychopathes qui ont recours à des passages à l'acte bruyants. Ils reposent sur un double jeu relationnel qui passe par une soumission apparente et une bonne collaboration, bien qu'elle soit en fait inauthentique, assorties de transgressions constantes, d'une manière ou d'une autre, des règles ou des lois. Ces caractéristiques sont d'autant plus pernicieuses et ambiguës qu'elles se dissimulent habilement.

---

1. Selon la définition qu'en donnent Reynaldo Perrone et Martine Nannini dans *Violence et Abus sexuels dans la famille. Une approche systémique et communicationnelle*, éd. E.S.F., 1995.

Parmi les attitudes relationnelles perverses se retrouvent aussi toutes les manières de chercher à dire le faux pour savoir le vrai, donner le fictif pour le réel, tous les jeux autour du montré/caché, de la manipulation du secret qui visent à capter l'attention de l'autre et obtenir son adhésion, à le fasciner et à attiser sa curiosité. Toutes les formes d'effraction ou d'intrusion dans l'intimité, par exemple, appartiennent à ce registre.

La composante perverse a recours tout particulièrement aux messages non verbaux[1] avec de nombreuses contradictions entre ce qui est dit et ce qui est réellement transmis ou exprimé par le langage analogique.

La composante parasitaire

Elle s'exprime par le besoin de dépendre de quelqu'un et de réclamer toujours plus de lui. Le parasite s'attache à quelqu'un qui lui paraît suffisamment donnant et solide pour subvenir à ses propres besoins. Bouche ouverte et main tendue, les premiers mots prononcés dans une rencontre traduisent une demande : « Tu as pensé à moi, tu devais me donner... », « Tu n'as pas oublié de me ramener ce que tu m'avais promis ? ».

Les modalités manipulatrices sont variables et d'une ingéniosité souvent remarquable et inépuisable. Dans la plupart des cas, le parasite s'arrange pour laisser croire à l'autre... que c'est ce dernier qui a besoin de lui.

Dans sa forme extrême, le parasite se greffe littéralement sur un *alter ego* qu'il va dévorer plus ou moins rapidement.

1. Importance toute particulière du regard pénétrant ou dit « hypnotique » notamment et du toucher ambigu à valeur indécidable.

ENGAGEMENT ET ÉVOLUTION

Dans la perspective d'un engagement relationnel de longue durée, il convient d'être attentif aux effets amplificateurs et déstabilisants de la rencontre et de la confrontation avec l'une ou l'autre de ces dominantes. On observera que certaines dominantes chez l'un peuvent avoir un effet inhibiteur sur l'autre, ou l'inverse, car certaines dominantes peuvent avoir des effets de stimulation et d'amplification qui vont se révéler tout aussi aliénants.

Par exemple, une dominante paranoïde se liant avec une dominante sadomasochiste peut déboucher sur une relation incroyablement douloureuse pour chacun des protagonistes, et rapidement infernale ou impossible. Une dominante obsessionnelle se liant avec une dominante hystéroïde peut donner des passions folles et invivables... et cependant durables pour le meilleur mal-être de chacun des protagonistes.

Il appartiendra à chacun d'entre nous d'être non seulement le plus lucide possible sur ses propres composantes, et surtout sur sa dominante principale, mais aussi d'être vigilant, attentif aux composantes et à la dominante relationnelle de l'autre, en particulier lorsqu'on envisage de construire dans la durée une relation d'engagement affectif ou de collaboration avec lui...

Les aspects que nous avons décrits sont d'ordre structural. Ils constituent une partie de l'armature ou de l'ossature de la personnalité par opposition aux symptômes dont les manifestations constituent les formes les plus visibles. Il serait vain et illusoire de croire à leur disparition. Tout au plus pourra-t-on les faire fonctionner au minimum et les assouplir dans le cadre d'un travail thérapeutique approfondi qui permettra d'intervenir sur les mécanismes de défense principaux.

Notre liberté d'être au quotidien passera par la possibilité d'être plus conscients et vigilants sur ce qui les réactive et par le fait d'être suffisamment respectueux à l'égard de nous-mêmes pour ne pas créer ou nous engager dans des situations relationnelles qui se révéleront catastrophiques pour nous.

Ces quelques réflexions peuvent nous faire mieux comprendre que certaines relations sont d'emblée vouées à l'échec. Les risques sont parfois redoutables à vouloir faire cohabiter ensemble des personnalités inconciliables dont les dominantes vont se réactiver négativement de façon trop massive ou trop explosive.

La difficulté réside dans le fait que dans certaines relations nous sommes la plupart du temps aveuglés, sidérés ou anesthésiés par des enjeux affectifs, émotionnels ou fonctionnels qui semblent prioritaires, ce qui ne permet pas un positionnement éclairé et lucide... préventif et salutaire.

Il y a un temps où ce n'est plus le jour,
et ce n'est pas encore la nuit [...]
Ce n'est qu'à cette heure-là que l'on peut commencer
à regarder les choses, ou sa vie :
c'est qu'il nous faut un peu d'obscur pour bien voir,
étant nous-mêmes composés de clair et d'obscur.

CHRISTIAN BOBIN

Violences, blessures, souffrances

Combien de fois n'ai-je entendu, dans les nombreux séminaires de formation aux relations humaines que j'ai animés, de telles résolutions :

« Il faudra que je rende à ma mère la souffrance que j'ai vécue à cause d'elle ! »

« Il faudra que j'ose dire à mon père la souffrance qu'il m'a causée avec son alcoolisme. »

Ou encore de telles affirmations :

« Jamais je ne pardonnerai à mes parents la souffrance qu'ils m'ont causée en divorçant »...

Si nous écoutons au plus près chacune de ces phrases, nous remarquons qu'elles contiennent toutes un point commun qui est le mot « souffrance ». Il est énoncé par celui qui s'exprime, en termes d'accusation vis-à-vis de la personne dénoncée comme l'auteur de la violence, car la blessure ressentie, créée ou réveillée chez celui ou celle qui l'évoque est confondue avec la violence du comportement, de la parole blessante, injuste ou inapropriée venant de l'autre.

Nous pressentons peut-être alors confusément que les personnes qui parlent ainsi, et qui sont confrontées au vécu de la violence, ont tendance, par un raccourci réducteur, à confondre violence et souffrance, autrement dit cause et conséquences, origine et effets, ou encore à confondre ce qui se passe aux deux extrémités de la relation.

En effet, il n'est pas possible de « rendre » une souffrance, car la souffrance, c'est ce que nous ressentons, nous sommes seuls à la produire ou à l'entretenir en nous. C'est bien celui qui souffre qui produit sa souffrance à l'intérieur de lui, même si elle est générée par une violence reçue de l'extérieur qui, elle, l'a blessé. Ce n'est pas parce que quelqu'un dit ou fait quelque chose qui nous blesse qu'il devient pour autant la cause de notre blessure. La succession temporelle des faits n'établit pas *ipso facto* une relation directe de cause à effet entre eux. Car ce n'est pas à proprement parler ce que l'autre dit ou fait qui nous blesse ou nous déstabilise, c'est ce qu'il touche de sensible, de déjà meurtri en nous, ce qu'il réveille ou réactive d'une blessure ancienne, déjà en place depuis longtemps et qui devient insupportable.

Un des mythes les plus profondément enracinés dans notre société, c'est la croyance que les choses nous arrivent de l'extérieur, qu'elles ont une cause en dehors de nous, parfois au-dessus de nous, une cause indépendante de notre vouloir ou de notre volonté. C'est aussi l'idée qu'il existe en dehors de nous un responsable à notre malheur, à nos difficultés, à notre désespoir.

Notre culture, de type essentiellement messianique, nous laisse croire aussi (et nous sommes prompts à nous entretenir dans cette mythologie) que quelqu'un (Dieu pour certains), quelque chose (le hasard pour d'autres), un enchaînement irrémédiable (la destinée, la fatalité ou le sort pour d'autres encore) veille ou pèse sur nous, ou alors qu'il est bien intentionné à notre égard. Cet autre informel est alors censé devoir prendre soin de nous, apporter des solutions à nos malheurs ou à nos déboires. Avec pour conséquence, s'il ne nous donne pas ce soutien, s'il ne résout pas nos problèmes, le sentiment ou la conviction qu'« il nous en veut », qu'« il est contre nous », que « nous n'avons pas de chance ! » ou que « nous n'avons pas fait ce qu'il fallait vis-à-vis de cette entité ».

Ainsi risquons-nous de pratiquer vis-à-vis de nous-même la pire des escroqueries : celle de ne pas entendre que nous sommes partie prenante de tout ce qui nous arrive, que nous sommes à la fois les initiateurs et les producteurs de notre propre souffrance.

La souffrance, en effet, est générée par la création, l'implantation ou le réveil d'une blessure originelle, primaire, inscrite en nous en fonction des réponses et des non-réponses de nos proches ou de notre environnement immédiat et significatives tout au long de notre histoire.

C'est la non-adéquation des réponses de l'entourage à des demandes, à des attentes essentielles et vitales, qui va se transformer en violences et ouvrir ainsi en nous des blessures parfois très profondes.

Autrement dit, le schéma : violences reçues → blessures créées ou restimulées → souffrance produite, fait partie du cycle de vie de chacun de nous. C'est l'impact d'un geste, d'un acte, d'une parole reçue dans un moment de vulnérabilité, dans une phase sensible d'empreinte, qui devient violence et qui ouvre le passage à une blessure plus durable que l'événement déclencheur. Ce n'est pas ce que l'autre fait qui déclenche le plus souvent la violence, mais la façon dont nous recevons ce qui vient de lui. En effet, nombre de blessures originelles inscrites au début de la vie d'un bébé, d'un enfant, ont souvent pour origine des actes qui ne se voulaient pas violents, voire même qui sont passés inaperçus pour celui qui les a posés. Les parents sont étonnés, parfois choqués, et tombent des nues quand ils découvrent, dans l'après-coup, quel a pu être pour leur enfant le retentissement d'un mot ou d'un geste auquel ils n'avaient pas prêté attention ni attaché d'importance.

Toute une partie de l'enfance se construira en relation directe avec des actes, des décisions, des comportements qui s'inscrivent comme des contraintes, des frustrations ou même comme des menaces et des agressions, ou qui au contraire sont reçus comme des gratifications et des bienfaits et nous confirment dans le bien-être d'exister en nous permettant d'accéder à plus d'autonomie, de liberté, de rayonnement, d'amour.

Nous pouvons ainsi mieux entendre l'habileté et l'inventivité tous azimuts avec lesquelles certains d'entre nous allons accuser, mettre en cause, culpabiliser l'autre, bref le rendre responsable de notre souffrance, sans faire l'effort de nous responsabiliser à partir de notre propre ressenti : « C'est bien moi qui ai vécu ce geste, cette parole, ce comportement comme dévalorisant ou disqualifiant. » Ce processus semble d'ailleurs constituer un enjeu aux variations infinies dans les relations proches.

Tout se passe comme si cette « habitude relationnelle » nous autorisait en tout bien tout honneur à ne rien faire à notre bout de relation et à penser que c'est à l'autre d'agir autrement à son bout de relation ou à son niveau à lui, et cela bien sûr dans le sens de nos intérêts.

Le plaisir de l'accusation ou du reproche ainsi que le fait de se poser en victime – qui donnent parfois à celui qui l'adopte ou s'y complaît le sentiment d'exister ou celui d'un certain mérite – ne favorisent pourtant ni la responsabilisation ni la lucidité qui permettraient de déposer plus rapidement la charge de ses souffrances, de lâcher prise sur des ressentiments, des amertumes et des rancœurs. Et également de ne plus entretenir l'autoviolence à base de ruminations et de reproches sans fin portés sur les uns ou sur les autres.

Malheureusement, ce système de dépendance implicite est bien rôdé dans notre culture, entretenu par certaines croyances éducatives. Si l'autre nous aime, s'il nous veut du bien, s'il se prétend notre ami, alors il doit répondre à nos attentes, à nos besoins, il doit satisfaire nos demandes.

S'il n'y répond pas, nous nous prétendons sa victime malheureuse, incomprise, blessée : nous en faisons le mauvais, le persécuteur. Ainsi pouvons-nous entretenir sans fin ressentiments, accusations, reproches et rejets de l'autre. Ce système à base d'hétéro-accusations mutuelles, de projection de la responsabilité sur autrui, est trop souvent entretenu par la plupart des protagonistes d'une relation.

Il est prolongé par toute une mythologie autour du pardon : « Je te pardonne le mal que tu m'as fait. » La victime, transformée en accusateur magnanime, se donne le beau rôle d'offrir un quitus au bourreau ou à l'accusé... « du mal qu'il lui a fait ». Elle oublie dans ce cas qu'elle « conserve » néanmoins en elle la violence reçue, que son corps et son psychisme en gardent la trace et les séquelles.

Le pardon, dans ses effets immédiats, est assimilable à un baume adoucissant déposé en compresse sur l'irritation ou l'inflammation d'une blessure.

Quand nous avons pardonné, nous éprouvons le sentiment d'un mieux-être, d'un soulagement. Nous sentons moins de ressentiment en nous, nous constatons un apaisement, moins de ruminations. La relation avec celui qui nous avait blessé semble plus apaisée, moins tendue, plus ouverte, mais la violence reçue est toujours là. Une violence peut sembler s'évaporer dans un pardon, la blessure paraît endormie, mais elle reste néanmoins telle quelle, tapie au plus profond de nous, et elle n'est pas cicatrisée pour autant. Elle se réactivera d'ailleurs au moindre incident.

Ce qu'il faudrait apprendre à pardonner, c'est nous-même, pour toute l'autoviolence entretenue par nos conduites, parfois durant des décennies. Il serait possible de s'entendre dire ou d'énoncer :

Je pardonne au petit garçon que j'étais d'avoir nourri et entretenu pendant vingt ans la haine que j'avais contre ce père qui buvait.

Je me pardonne d'avoir empoisonné tant de journées et de soirées à remâcher sans cesse l'humiliation d'avoir été violenté quand j'avais quinze ans...

Arrêtons-nous quelques instants sur la dynamique propre à chacun de ces termes « violences reçues », « blessures créées ou ouvertes », « souffrance produite », car ils sont fréquemment confondus et font l'objet d'un amalgame préjudiciable à leur dépassement.

VIOLENCES REÇUES

Les violences reçues peuvent se situer sur quatre plans : physiques, verbales, non verbales, morales. La gamme en est large et variée. Son spectre va de la perception douloureuse d'être incompris, pas reconnu, au sentiment d'injustice, d'humiliation, de nullité, en passant par la douleur physique, amplifiée par le doute, l'impuissance et la peur d'être violenté à nouveau.

Quand une violence se dépose précocement ou dans un moment de vulnérabilité, quand elle vient d'une personne chargée de sens, elle s'inscrit plus profondément, plus durablement. Elle imprègne alors toute une partie de notre relation au monde et peut susciter tout un système régressif ou agressif contre soi-même et envers autrui. Beaucoup de violences ainsi reçues sécrètent des ramifications diverses et durables, sous forme d'autoviolence en particulier. Quand la violence n'est pas redéposée, restituée, elle se retourne contre nous. Le mécanisme est d'une simplicité et d'une évidence implacables !

BLESSURES

La violence occasionnelle ou répétée, qu'elle soit physique, verbale ou morale, va créer ou réactiver des blessures anciennes, des zones de vulnérabilité. Les blessures originelles, celles qui s'inscrivent très tôt dans la vie d'un enfant, peuvent déstabiliser profondément un être et le rendre vulnérable pour tout le futur de ses relations aux autres.

Toute manifestation de l'extérieur sera ensuite décodée par le corps et l'esprit en fonction de son impact et de son retentissement dans les zones blessées de notre histoire.

Ainsi, un événement anodin, une parole banale, un geste insignifiant, qui en d'autres circonstances serait passé inaperçu, pourra réveiller, restimuler les anciennes blessures et provoquer des cataclysmes internes intenses. La souffrance qui en découlera s'imposera à nous d'une façon totalement disproportionnée avec l'élément déclencheur[1]. Notre souci premier, notre préoccupation immédiate et urgente seront de vouloir réduire, supprimer cette

1. Ce sera d'ailleurs un élément important à repérer. Si un événement bénin, une situation banale déclenche une réaction inattendue, c'est que cet événement, cette situation réveille une blessure du passé. Il ne servira à rien de gloser sur l'actualité, il nous faudra plutôt revenir à une écoute de notre histoire.

souffrance en oubliant qu'elle est un langage ! Tout se passe comme si la souffrance (douleurs, symptômes, mises en maux), qui est le langage privilégié de la blessure, devait être bâillonnée... pour faire taire la blessure !

Ce processus nous confronte aujourd'hui à un véritable paradoxe en matière de santé. Ce qui est scientifiquement possible et parfois vivement réclamé, à savoir un traitement efficace et rapide, n'est pas toujours bon pour le malade si l'on considère son équilibre global. L'efficacité de certains médicaments ou de certaines interventions chirurgicales, qui réduisent la souffrance et font disparaître trop vite le symptôme, revient donc à bâillonner la blessure, à la censurer en quelque sorte, avant même que nous puissions entendre ce qu'elle criait, ce qu'elle nous invitait à entendre.

Celle-ci pourra alors se réveiller, se réactiver, entraînant de nouvelles souffrances sur un mode souvent plus régressif que lors de la première atteinte.

SOUFFRANCE PRODUITE

Nous venons de le voir, la souffrance est bien souvent l'expression de la blessure. Elle peut se traduire par une douleur morale, psychologique, physique. Les symptômes répétitifs (passages à l'acte somatique) seront un des langages favoris de certaines blessures anciennes qui s'expriment ainsi, tentent de nous alerter sur la nécessité d'achever une situation restée en suspens. Des maux peuvent être entendus comme un signal, une invitation à « restituer » une violence reçue qui bloque ou consomme des énergies qui ne sont plus disponibles pour la vie relationnelle, personnelle et pour la créativité, car en grande partie réquisitionnées pour se défendre de l'émergence ou de la résurgence de l'insupportable ou de l'inacceptable.

Ces souffrances peuvent se traduire par des somatisations, par des conduites inadéquates, elles pourront s'entendre aussi comme une sollicitation ou une invitation à se repositionner vis-à-vis d'une personne qui nous a blessé, à nous resituer vis-à-vis d'un événement qui reste déstabilisant ou handicapant.

Ainsi, toute souffrance (réactivation d'une blessure) peut être entendue comme un signal, une invitation à changer quelque chose dans notre mode de vie. Les somatisations sont souvent des alliées méconnues, auxquelles nous n'accordons pas une écoute et une attention suffisantes, qui nous poussent pourtant à un mieux-être au travers d'une clarification possible d'un passé trop chargé.

Tout processus de changement impliquera la nécessité de se dépolluer de la violence ou des violences reçues au cours de nos différentes expériences de vie, à la fois pour libérer des énergies mais aussi pour se réapproprier un pouvoir d'influence sur sa propre vie.

Prendre soin des blessures ouvertes en nous déclenchera un processus de réconciliation, de réunification profonde. La recherche d'un mieux-être, le maintien d'un état de santé durable passent par un lâcher-prise sur les ressentiments, par une dépollution des sentiments négatifs qui nous habitent, par un nettoyage de la « tuyauterie relationnelle » qui reste trop souvent encrassée par des situations inachevées et par la trace des violences reçues dans le passé.

Ce nettoyage de la « tuyauterie relationnelle » intime constitue une des démarches les plus stimulantes de la vie. Il n'est possible que si nous sortons de la collusion induite par notre conditionnement culturel entre les violences reçues (qu'il nous appartient de rendre quand elles nous ont été imposées ou de reprendre quand nous prenons conscience d'en avoir déposé) et l'autosouffrance produite par des ruminations ou l'entretien de reproches, d'accusations et de mises en cause répétitives d'autrui.

Une des escroqueries intimes les plus fréquentes et les plus durables à l'encontre de soi-même est celle qui consiste à entretenir ressentiments, rancœurs, accusations et reproches sur les autres en croyant qu'ils sont responsables de notre souffrance.

Nous imaginons trop fréquemment qu'il faut les culpabiliser en les rendant conscients d'être à l'origine de nos malheurs ! La culpabilisation latente, qui empoisonne de nombreuses relations, favorise le développement sans fin d'une autoviolence à l'encontre de soi-même. En démystifiant ces trois termes : violences, blessures et souffrances, nous proposons de nettoyer les blessures, de les assainir, de les apaiser en restituant par une action symbolique concrète les violences reçues, ou en reprenant, toujours par une démarche symbolique, les violences déposées[1].

Nous avons pu constater qu'après un tel travail de symbolisation de nombreux symptômes disparaissent, des somatisations se résorbent. Les passages à l'acte somatique répétitifs s'interrompent dans leur enchaînement quand l'autoviolence cesse d'être alimentée ou entretenue par... nous-même ! Nous avons reçu suffisamment de témoignages attestant d'un mieux-être, d'un plus grand pouvoir de vie, d'une autonomie relationnelle et affective plus importante après de telles démarches, pour pouvoir inviter chacun à introduire des actes symboliques dans son existence.

1. *Cf. Un chemin de vie : la pratique des arts symboliques*, Sonothèque média, 1999.

Comme dans beaucoup de domaines, la prise de conscience ne suffit pas ; encore faut-il la conforter par une action, la prolonger par un engagement s'appuyant sur des actes symboliques et sur la nécessité d'une mise en mots pour donner un sens à cette prise en charge par l'intéressé lui-même, qui l'amène à se respecter de façon dynamique en relation directe avec les événements clés de son histoire.

En renonçant à confondre violence reçue et souffrance produite, une démarche de bien-être et de libération énergétique peut ainsi s'amorcer.

Commencez par ne pas vous en vouloir à vous-même !

GOTTHOLD EPHRAÏM LESSING

Fidélités, missions réparatrices, injonctions : les répétitions de notre vie

La répétition de comportements, d'attitudes atypiques ou gênantes, de symptômes, voire de somatisations, est un des langages par lequel s'expriment aussi les fidélités, les missions de réparation ou les soumissions à des injonctions déposées par les personnes significatives de leur vie sur les enfants que nous avons été et les ex-enfants que nous sommes toujours.

LES LANGAGES DE LA RÉPÉTITION

Par exemple, dans une fratrie donnée, certains enfants sont équipés de véritables « radars » pour capter les non-dits, les blessures cachées de leur entourage proche. Ils vont devenir des signalisateurs, des réparateurs en prise directe, en relation inconsciente avec les blessures cachées des personnes essentielles gravitant dans leur entourage : père, mère et parents proches.

Tout se passe comme s'ils voulaient attirer l'attention sur une situation inachevée, sur une blessure non cicatrisée ou sur une période difficile de la vie de leurs ascendants en produisant eux-mêmes un symptôme, un passage à l'acte somatique. C'est pour cela que certaines choses de la vie – comme les dates d'anniversaires, qui sont des rappels de la filiation, le retour sur les lieux de l'enfance – sont de véritables balises pour repérer les résurgences du non-dit, les échos du silence ou les cris muets du refoulement qui restent présents en chacun.

Ces loyautés invisibles mais tenaces, ces fidélités incroyables à témoigner de ce qui a été caché, ce courage inouï pour tenter de dire l'indicible, toutes ces compétences vont s'exprimer au travers des mises en maux (maladies ou mal-à-dit), des passages à l'acte somatique (accidents et violences extérieures) ou dans l'émergence de symptômes gênants, visibles, répétitifs ou même récalcitrants (asthme, maladie de peau, conjonctivite, otite...)

En fait, cette expression somatique porte sur tout ce qui touche aux cinq sens. Comme si à travers l'atteinte d'un sens s'exprimait aussi une interrogation sur le lien. Avec cette polarisation sur un des sens et ce qui sera mis en jeu à travers lui dans notre relation à la réalité, c'est notre corps qui tente d'attirer l'attention sur ce qui a été blessé ou qui a dysfonctionné chez papa ou maman au même âge.

DES ENFANTS FIDÈLES

Pour être plus concret, appuyons-nous sur l'exemple suivant. Un petit garçon de dix ans pourra produire une somatisation qui le remplira de honte ou de gêne (hémorroïdes, verrues, taches) sans savoir consciemment, mais en ayant pourtant bien entendu « quelque part » que son père avait été humilié au même âge, par exemple sur le plan sexuel par un plus grand ou un adulte. C'est comme s'il tentait ainsi pathétiquement de « montrer » ce qui est caché ou nié par son propre géniteur.

La fidélité ne se manifeste pas toujours dans la répétition de l'identique ou du semblable, symptôme contre symptôme, somatisation contre somatisation, mais plutôt par rapport à un sens particulier lié au vécu, à l'âge où la situation s'est inscrite comme une violence ou comme un traumatisme chez celui qui continue de la porter sans la « panser ».

Cette petite fille âgée de huit ans a toujours fait pipi au lit. Elle n'a pas encore accédé à ce qu'on appelle la propreté, c'est-à-dire qu'elle n'a pas encore acquis le contrôle, le fait de se retenir, de pouvoir différer le plaisir lié à un soulagement. Elle a bien entendu, dans la saga familiale, que son père avait lui-même été énurétique jusqu'à l'âge de douze ans. La fidélité de cette petite fille peut porter sur plusieurs enjeux. Si elle avait douté à un moment donné de ses origines, et cherché une confirmation à son interrogation : « Est-ce que papa est vraiment mon géniteur ? », elle tenterait, à travers son énurésie, de proposer une réponse en témoignant qu'elle se reconnaît bien comme « semblable » à son papa ex-énurétique. En faisant pipi tous les jours, c'est comme si elle lui donnait une marque d'amour et lui confirmait à sa façon : « Je me sens bien ta fille. »

Mais la fidélité de cette petite fille pourrait s'organiser à un tout autre niveau : elle pourrait par exemple servir à rappeler à son père qu'il doit rester rigoureux, cohérent et clair dans ses conduites. Si, par exemple, ayant été lui-même en pension, il avait été amené à cacher, à mentir, à montrer une façade d'enfant propre aux yeux de ses petits camarades, sa fille, par son pipi au lit, pourrait lui rappeler ouvertement ce qu'il a caché pendant des années. C'est comme si elle lui disait : « Je souhaite une relation claire avec toi ! »

Ainsi le sens d'une fidélité, d'une répétition, ne doit-il pas se rechercher uniquement dans l'acte, mais dans le vécu intime lié à l'acte. C'est un travail d'archéologie familiale, de *reliance* qui s'impose pour retrouver la trace de l'impact d'un événement ou d'un traumatisme sur l'imaginaire, sur le vécu de l'époque.

Les enfants fidèles sont d'un courage, d'une créativité et d'une ténacité incroyables. Ils sont capables d'inscrire en eux des perturbations profondes, des dérèglements physiologiques, des dysfonctionnements invalidants, voire des maladies graves, d'insister et de marteler leur message indirect des années durant, comme s'ils invitaient ainsi à une mise en parole de ce qui n'a jamais pu être dit, à un âge semblable, par l'un ou l'autre de leurs géniteurs. Par des mises en maux, les enfants tentent de déloger le non-dit de sa crypte de mystère, de réveiller le silence trop oppressant des mots interdits.

Telle autre petite fille souffrira d'infections vaginales, d'irritations ou de pertes de sang, comme pour rappeler à sa mère les abus sexuels qu'elle a subis dans le silence et pendant des années jusqu'au même âge, ou à partir du même âge si ces abus se sont poursuivis.

L'*entendre* des enfants ne dépend pas de la connaissance et du savoir auxquels ils ont ou non accédé directement, mais essentiellement d'une *co-naissance* intime qui passe par des canaux relationnels subtils et infinis. La communication infraverbale qui circule entre un enfant et ses parents s'exprime, « se parle » et se transmet d'inconscient à inconscient, elle passe par des sensibilités encore ouvertes vers le cerveau droit. Cette acuité de perception aux langages infraverbaux qui existe chez certains enfants est aussi étonnante qu'elle peut être parfois déroutante et dérangeante ; elle est imprévisible, incohérente en apparence et pourtant si vraie, si juste et pertinente quand on accède au sens qu'elle révèle. Il est regrettable que des études approfondies ou des suivis n'aient pas été entrepris, qui s'appuieraient sur une observation longitudinale et une écoute de cette sorte de prescience de certains enfants capables d'anticiper des événements et de témoigner de ces connaissances ou de ces savoirs si particuliers. Des études qui viseraient à vérifier dans l'après-coup l'adéquation des anticipations de l'enfant et à voir ce qu'elles sont devenues dans la réalité, si elles se sont confirmées ou non.

L'évocation des fidélités et des loyautés que s'imposent certains enfants est souvent vécue avec beaucoup de culpabilité par leurs parents, les mères surtout, qui se sentent, bien qu'à tort, responsables de ces fidélités. Elles s'imaginent que « c'est de leur faute si... », que « si elles n'avaient pas fait ou au contraire si elles avaient fait... », leurs enfants n'auraient pas inscrit dans leur corps telle maladie ou tel symptôme. Ce faisant, elles se chargent, s'encombrent d'une responsabilité qui ne leur appartient pas, qui ne leur incombe pas, car chacun est responsable des missions qu'il prend sur lui, chacun, aussi jeune soit-il, est le seul responsable des loyautés et des fidélités dont il témoigne.

Marie fut une élève brillante. Elle passa le bac à quinze ans, suivit les classes préparatoires aux grandes écoles et arrêta tout à dix-sept ans pour ne pas dépasser elle-même sa mère, mariée très tôt, qui avait interrompu ses études au même âge. Marie se présenta à de nombreux concours, simplement pour s'assurer de ses capacités : « Je vérifiais si j'étais capable, et je ne donnais pas suite à la carrière que m'ouvrait le concours ! Je suis restée institutrice toute ma vie. »

L'homme qu'elle épousa était étudiant en médecine. Ses études terminées, il affirma : « Je n'aurai pas d'enfant tant que je n'aurai pas passé ma thèse. »

Cette attente dura huit ans pendant lesquels : « Il faisait des remplacements sans rédiger une seule ligne ni amorcer la moindre recherche. Un jour, j'ai décidé de lui écrire sa thèse. Il obtint son doctorat en six mois, refusa longtemps l'enfant et... ne me pardonna jamais d'avoir rédigé son mémoire à sa place ! »

Certaines fidélités conduisent à des tâches et à des réparations sans fin.

« Ma fidélité à moi, dira une autre, fut de fuir tous les hommes qui prétendaient m'aimer. Ma mère m'avait prévenue : "Méfie-toi des hommes, ils ne pensent qu'à ça !" et je l'ai crue longtemps. J'ai été soumise à ces injonctions car j'étais convaincue qu'avec le temps je serais mieux aimée d'elle ! »

Les missions de réparation de certains enfants vont s'exercer dans des domaines aussi variés que la vie affective ou sociale, la maladie, la réussite ; les échecs ou les déboires professionnels.

« Mon frère avait repris l'entreprise de mon père affaibli par la maladie. Après qu'il se fut tué dans un accident de montagne, j'ai démissionné du professorat et j'ai continué à sa place. Ce métier m'ennuie, mais je ne me sens pas capable de décevoir ma famille... »

Cet homme qui échoue dans toutes ses tentatives d'affirmation sociale et professionnelle entendra, tard dans sa vie, combien il a obéi à son père notable et maire de sa ville qui lorsqu'il était enfant lui répétait sans relâche : « De toute façon tu n'arriveras à rien sans moi ! »

POUR SORTIR DES FIDÉLITÉS CONTRAIGNANTES

Sortir des fidélités, ne plus entretenir des missions ou des mandats impossibles acceptés pour réparer ou payer des dettes « irrationnelles », de même qu'échapper au sentiment de toujours « devoir faire », toutes ces démarches supposeront un long travail, non seulement de conscientisation, mais aussi de lâcher-prise et de renoncement.

Ce sera oser se construire en renonçant à entretenir les « bonnes images de soi-même sur soi-même », en prenant le risque de s'affirmer, pour se délier d'un besoin d'approbation trop mutilant ou trop contraignant. Ce sera encore prendre le risque de décevoir en n'obéissant pas aux injonctions et aux missions qui nous ont été attribuées.

« J'avais été désirée et attendue comme garçon par ma mère. J'étais destinée à porter le prénom d'un amour déçu. Un homme rencontré bien avant qu'elle n'épouse son mari, mon père, et qui s'appelait Philippe. À force de "tractations âpres" (c'est son terme) entre elle et mon père, ce prénom s'est transformé en Marie-Philippe pour finalement aboutir, au moment de la déclaration dans les registres de l'état civil, à "Dominique" ! Bien sûr, ma mère m'avait parlé une fois ou deux de cet amour déçu, mais toujours avec des phrases laconiques, auréolées de nostalgie. À dix-huit ans, lors d'une dispute avec mon père, il m'a jeté à la figure : "De toute façon, tu n'es peut-être pas ma fille !" Pendant des années j'ai occulté ces souvenirs, j'ai été un vaillant petit soldat, toujours en première ligne pour essayer de réparer une double souffrance, celle des doutes de mon père, celle des regrets de ma mère... Je me suis mis sur le dos (tiens, mes hernies discales !) une tâche impossible... »

Nous pouvons, par une démarche symbolique, restituer, rendre les injonctions reçues et accéder ainsi à plus d'indépendance et de cohérence en soi.

Cette phrase qui me dictait de penser très tôt, avant même que je puisse me faire ma propre idée, que tous les hommes étaient des salauds, je la remets chez toi. Pour des raisons qui t'appartiennent et quelle qu'en soit l'origine, tu as choisi ou accepté d'en faire ta devise, mais c'est bien ton regard à toi sur les hommes. J'ai accepté jusque-là d'être porteuse de cette croyance et je me sens bien responsable à mon niveau de ce choix. Aujourd'hui, je prends aussi conscience à quel point je m'encombre dans ma vie de femme avec cette phrase. Je réalise à quel point ma vision des relations amoureuses a pu être imprégnée par tes propos. Je ne me reconnais plus dans cette décision d'être ton alliée secrète, en étant un relais qui colporte cette croyance. Je ne souhaite plus garder ce message en moi, que je ne ressens pas bon pour moi. Je ne souhaite pas transmettre à ma fille ce regard sur les hommes, mais un héritage plus positif, plus porteur de vie. C'est bien ton regard à toi sur les hommes, je ne le fais plus mien et je te le rends.

Accéder à une identité propre, dégagée de messages aliénants, de croyances encombrantes, ce sera lâcher prise sur les liens subtils mais tenaces qui empêchent la différenciation et ne permettent pas d'accéder à l'unicité de chacun. Renaître ainsi à la vie en n'entretenant plus répétitions et fidélités lourdes à porter, même si elles correspondent à une mission choisie à un moment donné. Consolider le présent en le détachant des ancrages du passé, ouvrir l'avenir en ne l'aliénant plus aux dépendances et aux allégeances des missions données ou prises.

Se créer et se construire comme un être indépendant, respectueux de soi, peut se révéler pour certains un des plus grands défis de leur vie.

Vous ne pouvez transcender ce que
vous ne connaissez pas.
Pour aller au-delà de vous-même,
vous devez vous connaître.

SRI NASARGADATTA MAHARAJ

De la fidélité à l'autre à la fidélité à soi

Il y a fréquemment, dans les relations intimes, une confusion entre le registre des sentiments et celui de la relation.

Afin de sortir de cet amalgame et de tenter de mieux situer les choses, nous conviendrons d'accepter l'idée que le propre du vivant est d'évoluer et qu'un sentiment appartient bien à cet ordre du vivant.

Parce qu'un sentiment est vivant, quelles que soient son intensité et sa force de départ, il va évoluer, se modifier, s'inscrire différemment en celui qui le porte et en celui qui le reçoit.

Parce qu'une relation est vivante, elle va elle aussi évoluer. De plus, comme elle concerne deux personnes, son évolution sera inévitablement différente chez les deux partenaires, elle ne suivra pas nécessairement le même rythme pour l'un comme pour l'autre.

Toute interrogation sur la question de la fidélité, c'est-à-dire sur le maintien d'un engagement à partir du constat d'un changement en soi à un moment donné de son existence, devra tenir compte du paradoxe suivant :

Je m'engage, aujourd'hui, avec ce que je suis, envers toi, avec ce que tu es. Et j'engage aussi dans cette aventure relationnelle une partie de moi en devenir, et que j'ignore encore, envers une partie de toi en devenir et que tu ignores toi aussi. Je m'engage dans la durée avec une part d'inconnu de moi et une part d'inconnu de toi, c'est-à-dire sans connaître encore l'homme ou la femme que je serai, ni celui ou celle que tu deviendras toi-même.

Tout engagement lucide et honnête suppose d'accepter le fait que tout engagement est un engagement à trois : toi, moi et une part d'inconnu et de mystère liée à l'évolution possible de chacun de nous.

Dans cet engagement, nous n'embarquons pas seuls, nous ne sommes pas seuls à bord, nous embarquons avec cette part d'imprévisible incontrôlable qui peut nous lier plus fortement ou nous détacher et nous séparer.

Dans mon engagement vis-à-vis de toi, j'engage une partie de moi que je connais bien mais qui est construite sur des images, celles que je donne à voir, celles que tu veux bien voir...

Mais aussi une partie de moi, que je connais moins bien, qui appartient à mes zones d'ombre. Et à l'intérieur de ce territoire, il y a une partie de moi qui est susceptible de changer dans des directions et sous des formes que j'ignore moi-même.

Dans cet engagement, je m'engage vis-à-vis de ce que je connais de toi, vis-à-vis de ce que je sais de toi, de ce que je veux bien voir de toi. Je m'engage aussi vis-à-vis de cette part de mystère en toi, mystère pour toi, mystère pour moi, potentialité de changement que nous ne pouvons ni toi ni moi ignorer ou occulter trop longtemps.

Souvent, par mesure de précaution, nous tentons de nous assurer contre les risques de toute relation. Au lieu d'engager cette part de mystère, nous préférons mettre des certitudes terroristes, des croyances idéalistes ou une confiance aveugle.

FIDÉLITÉ

La fidélité à moi-même, c'est ce port d'attache, cette île de mes trésors, ce refuge, ce point d'ancrage autour duquel s'arrime mon besoin de cohérence interne quand l'écart entre respect de mon engagement, respect de toi et respect de moi est trop grand et suscite en moi des conflits de loyauté trop tensionnels.

Considérer aussi que je m'engage vis-à-vis de toi, mais aussi vis-à-vis de la relation qu'il nous reste à construire et dont je ne peux pas savoir à l'avance comment elle va se développer, grandir ou végéter.

Nous savons également que :

- Toute expression ne devient pas communication.
- Toute relation ne se développe pas en attachement.
- Tout échange ne se traduit pas par un engagement.

Et cependant, tous ces possibles circulent en tant que potentiel dans toute rencontre humaine.

La réflexion que je propose ici tente de poser quelques jalons par rapport aux deux interrogations suivantes :

- Comment puis-je réussir à être clair et cohérent dans mes engagements, dans mes choix de vie ou mes rencontres, dans le respect de moi-même ou d'autrui ?
- Comment puis-je concilier qualité, rigueur, durée dans l'engagement et changement, évolution, mutation nécessaires ?

Mon point de vue sera que la fidélité à l'autre est directement proportionnelle à la fidélité que je peux avoir à l'égard de moi-même.

Si nous acceptons qu'un des enjeux essentiels de la liberté humaine est de développer en chacun la capacité de faire des choix, nous découvrons aussi que faire un choix c'est renoncer.

Toute mon existence a été jalonnée de ces renoncements, c'est-à-dire de ces choix. Quand je m'interroge sur mes propres engagements de vie, je constate que le fil rouge de mes errances, comme de mes rencontres essentielles, est la fidélité. Aussi étonnant que cela puisse paraître, la fidélité me semble être l'une des valeurs fondamentales de ma vie.

Pendant les années de ma jeunesse et de mon adolescence prolongée, je n'ai pas pu être totalement fidèle à moi-même car j'étais pris dans les réseaux de mes allégeances et dépendances familiales, scolaires et sociales. Allégeances parfois très subtiles et d'autres fois plus directes et brutales à des messages, à des injonctions, à des missions reçues et acceptées. Dépendances à des blocages issus essentiellement de ma peur, celle d'être rejeté ou de perdre l'autre dont j'avais besoin ou dont je voulais être aimé.

Puis j'ai accédé à la fidélité adulte, qui se traduit autant par la possibilité de s'engager – au-delà de l'autonomie matérielle, affective, relationnelle que cet engagement suppose – que par celle tout aussi nécessaire de se délier des injonctions, des loyautés invisibles qui tissent nos attachements primordiaux, liés au système familial.

Bien plus tard, presque au mi-temps de ma vie, vers trente-cinq ans, j'ai découvert ce que j'appelle la fidélité à moi-même. J'y ai accédé par une meilleure connaissance de moi, par une clarification de mes images, une élucidation de mes peurs, par une réappropriation de ma parole et surtout par un positionnement plus net dans la rencontre avec autrui, caractérisé notamment par la volonté de ne plus me laisser définir par l'autre.

Ces deux concepts de fidélité, à l'autre et à moi-même, m'ont permis de mieux comprendre et de différencier les notions d'engagement, de responsabilité et de témoignage.

ENGAGEMENT

S'engager, c'est se projeter dans le futur, dans une relation de durée. C'est inscrire dans le temps une constante qui pourrait se résumer en ces termes :

Je m'engage à mettre mes ressources, ma disponibilité et ma créativité au service de la relation que j'entretiens avec vous. Vous pouvez compter sur mes ressources, sur ma disponibilité et ma créativité. Mais la vitalité de mon propre engagement repose sur votre propre capacité à accueillir, à amplifier et à dynamiser mes propres efforts.

C'est aussi inclure une variable :

Vous devez tabler aussi sur mon potentiel d'évolution. Je m'engage avec ce que je suis aujourd'hui pour celui que je serai demain. Mais j'ai besoin de rester fidèle à moi-même pour maintenir cet engagement, pour le garder vivant, au présent d'une relation ou d'une action.

Si un décalage trop grand existe entre les contraintes issues de ces engagements et mon système de valeurs, je prendrai le risque de me désengager pour rester congruent, pour demeurer consistant, pour rester fidèle à moi-même. Je prendrai même le risque de me différencier, voire de me séparer pour sauvegarder mes valeurs ou mes croyances dans le respect de ce que je suis devenu. Je prendrai le risque d'un conflit pour maintenir mon intégrité. J'accepterai si besoin est l'affrontement, voire le combat, pour pouvoir me respecter. Je renoncerai à la relation si je sens qu'elle m'entraîne à une trahison de mes convictions.

En effet, je perçois une interdépendance étroite entre le respect que je peux avoir de moi et mon besoin de pouvoir continuer à respecter l'autre, surtout s'il est important pour moi.

RESPONSABILITÉ

Je distingue responsabilité et responsabilisation.

Je prends la responsabilité d'une situation, d'un événement quand je me porte garant de sa réalisation et quand je prends sur moi d'assumer les actes liés aux moyens et aux conséquences qui en découlent.

Parfois, la responsabilité, qui est un acte de reconnaissance de l'impact ou de l'influence qui est exercée dans une situation donnée, est assimilée et confondue par l'entourage à une tentative ou une tentation de culpabilisation. Dans une culpabilisation, c'est la notion de faute qui prime, avec une dimension accusatrice :

« Tu es responsable de ma souffrance, de ce qui m'arrive. Si tu n'étais pas parti, je n'en serais pas là ! »

« Tu es responsable de ce que je sens, de ce que j'éprouve. Si donc, à cause de toi, je fais ceci ou cela... ce sera de ta faute. »

Quand une responsabilité n'est pas prise spontanément, elle risque d'être nommée, rappelée ou imposée. Nous sommes alors dans un processus de responsabilisation qui s'appuie sur le désir ou le besoin de l'un de faire prendre conscience à l'autre :

« À ton âge, on ne prend pas le risque de changer de métier sans réfléchir à deux fois. »

« Une mère doit rester, jusqu'au bout, responsable de l'éducation de ses enfants. »

Je sors de la responsabilisation, et donc de l'accusation, pour entrer dans la responsabilité quand je me déclare partie prenante de ce qui m'arrive, de ce que je vis, quand je me situe face à mes actes et à leurs conséquences. Se responsabiliser, c'est être conscient par soi-même, en prise directe avec un système de valeur, de l'impact d'un acte, d'une parole, d'une conduite.

Aujourd'hui, je ne me sens pas responsable de ma conception, qui concerne le jeu du désir de mes parents, mais je me sens bien co-responsable de ma gestation et de ma naissance. Je me sens responsable aussi de ma propre mort à venir, au sens où je me sens partie prenante de la conduite de ma vie. Je suis partie prenante de tout ce qui m'arrive entre ma naissance et ma mort et j'évite d'accuser qui que ce soit à propos de ce qui surgit dans ma vie, en sachant que j'ai la possibilité d'en découvrir le sens, les enjeux et les messages possibles.

TÉMOIGNAGE

Se définir dans une relation donnée, face à un événement donné, c'est se situer, dire où nous sommes, exprimer ce que nous sentons, pouvoir affirmer notre point de vue, ce qui ne veut pas dire l'imposer. Pour pouvoir témoigner de soi-même, encore faut-il être clair à l'intérieur de soi, et c'est peut-être le point le plus difficile à gérer.

Chacun d'entre nous est habité par des zones de lumière et par des zones d'ombre, tiraillé par des contradictions multiples, emporté par les courants violents et chaotiques de ses désirs et de ses peurs. Il nous arrive souvent d'être soumis ou révolté face à des modèles culturels, à des pressions sociales, tributaire aussi des cheminements labyrinthiques de notre inconscient.

Chacun de nous est porteur de conflits dont les tiraillements réactivent ou menacent des loyautés et des fidélités très anciennes. Toute nouvelle fidélité se construit à côté ou au détriment de fidélités antérieures. Tout se passe comme si chaque fidélité devait trouver son espace et sa dimension pour s'épanouir sans collusion ou trahison vis-à-vis d'autres fidélités plus anciennes ou concurrentes.

Notre inconscient n'est pas notre ennemi, il a une habilité extraordinaire à nous révéler conflits et tensions, à témoigner des refoulements et des « non-dits », à nous alerter sur nos incohérences. Certains conflits de fidélité vont parfois se dire avec des maux quand ils ne pourront pas s'exprimer avec des mots.

Une de nos grandes difficultés sera de reconnaître nos sentiments réels et d'être à l'écoute de ce qui se passe en nous quand ceux-ci évoluent et mutent, d'entendre en moi, par exemple, que mon sentiment amoureux s'est modifié, que mon amour est devenu une amitié amoureuse, une affection douce, que je propose de la tendresse et non plus de la passion. Toute la difficulté est d'accepter l'évolution et la mutation des sentiments, parfois aussi leur disparition.

Quand un sentiment change chez l'un, ce changement paraît inacceptable pour l'autre dans un premier temps. Il se sent tellement menacé, du fait de sa peur de l'abandon, par l'éventualité d'une séparation, qu'il n'a d'autre ressource que de rappeler l'engagement, puis la fidélité, pour nier l'incompréhensible en cherchant à éviter l'insupportable.

Dans toute expérience amoureuse, reconnaître que la fidélité à soi-même prend le pas sur la fidélité à l'autre est un deuil essentiel à vivre.

Oser dire à quelqu'un : « Je ne t'aime plus », quand nos sentiments ne sont plus de l'amour, paraît extrêmement difficile. Et pourtant, c'est un beau cadeau, aussi paradoxale que cette proposition puisse paraître, quand, dépassant la peur de blesser, nous pouvons témoigner de nos sentiments réels. Une telle déclaration évite malentendus, faux-semblants et relations fictives.

Le sentiment amoureux n'est pas acquis une fois pour toutes. Il participe d'un des mystères de la vie sur lequel nous n'avons pas de prise, quels que soient notre pouvoir, notre volonté ou nos intentions.

C'est au niveau de notre vulnérabilité que nous nous mettons à nu, avec le risque de ne pas être entendus et reconnus dans nos fidélités profondes.

Très souvent dans ma vie, j'ai eu à témoigner de mes sentiments et à me positionner avec fermeté, à déjouer, dénoncer l'amalgame dans lequel l'autre tentait de me faire entrer.

Je ne me sens pas obligé de t'aimer en réponse à l'amour que tu me portes. Je suis touché, ému par tes sentiments, mais je n'éprouve pas les mêmes. Je ne peux ouvrir ou poursuivre la relation sur le même plan. Je me situe dans un ressenti positif, cela veut dire que je suis bien avec toi, mais je ne me sens pas amoureux.

Je me suis confronté à cette difficulté d'oser exister comme différent de l'autre, que ce soit dans le domaine des relations amoureuses, familiales ou encore professionnelles ou sociales.

Je découvre chaque fois combien il est difficile d'être, de rester entier face à autrui, de maintenir une option, un témoignage, un positionnement clair. Et cela face aux désirs et aux peurs de l'autre, face à ses attentes aussi, qui semblent parfois si vitales pour lui qu'on voudrait bien y répondre à sa place !

Au soir de ma vie écoulée et à l'aube de ma vie à venir, j'éprouve de plus en plus le besoin de me dire dans mon unicité comme dans mon universalité et d'en témoigner, non seulement dans mes conférences, dans mes ouvrages ou dans les sessions de formation que j'ai animées, mais aussi et surtout dans chacun de mes actes, dans chacune de mes conduites, de mes paroles, dans chacun de mes regards.

Je découvre aussi, sur le tard de ma vie, que l'une de mes demandes essentielles n'est pas une demande d'amour mais une demande de respect, d'écoute, de tolérance par rapport à ce que je suis.

Il m'arrive encore d'en payer cher le prix, en malentendus, en dénis, en accusations, en reproches et parfois en rejet, quand je n'ai pas pris la peine de me positionner, de m'exprimer avec suffisamment de clarté ou de force.

Peut-être est-ce cela, toute proportion gardée au regard d'autres enjeux de la vie, le prix de la liberté d'être ?

Une révolution
dans nos façons de vivre
ne peut commencer
qu'à l'intérieur de nous-même.

STANLEY CAVELL

S'engager au-delà de la rencontre
dans la durée, dans le rêve partagé et amplifié.

S'engager avec nos différences
vers un avenir à deux
pour agrandir ensemble une part d'éternité
plus ensoleillée.

S'engager pour créer des matins insolents
déjà riants du jour à venir
pour oser aussi
des soirs resplendissants.

S'engager aujourd'hui pour celui que je suis
envers celle que tu es
pour construire au quotidien
un futur à inventer.

Ne pas s'engager pour un que je serai
et que je ne connais pas
envers une que tu deviendras
et que j'ignore encore.

S'engager non pour le pire et le meilleur
ou pour l'incertitude aveugle
mais pour l'imprévisible
et l'étonnement d'être.

S'engager bien sûr
avec le meilleur de moi ébloui
vers le meilleur de toi étonné.

S'engager pour des découvertes nacrées
pour l'abandon, la confiance, le plaisir offert et reçu.

S'engager pour l'entraide et le soutien
pour la ferveur d'être deux
à construire un avenir

Les deuils successifs de notre existence

Les deuils successifs de notre existence peuvent être aussi les germes de notre croissance...

Combien de deuils faut-il inscrire dans son corps pour accepter de grandir ?

Combien de rejets et de refus faut-il essuyer pour oser se différencier ?

Combien de séparations, de pertes ou d'abandons devons-nous traverser pour, enfin, rencontrer le meilleur de soi ?

Combien de solitudes, de détresses ou de désespoirs devons-nous affronter pour exister en entier, au présent, dans un face à face créateur avec l'autre ?

Combien de renoncements, combien de lâchers-prise faut-il accepter pour acquérir plus d'autonomie et de liberté ?

Oui, la vie n'est qu'une succession de naissances. Pour accéder à tous nos possibles, nous aurons parfois à prendre le risque de nous séparer, de nous différencier d'êtres chers, proches. Nous aurons parfois à renoncer à des situations acquises, à des croyances ou à des certitudes. Il nous appartiendra de trouver la bonne distance entre l'autre et nous, et entre les différents désirs qui nous habitent.

PREMIÈRES BLESSURES ET PREMIERS DÉPÔTS DE SOUFFRANCE

L'expérience de l'abandon commence à l'aube de toute existence humaine, quelquefois à partir de simples changements de rythme introduits dans l'ordre habituel et tranquille de la vie d'un bébé, à l'occasion de brèves absences, de légers retards organisés ou inopinés, prévisibles ou impromptus, durables ou momentanés, déclenchés par les aléas et les ajustements indispensables qui émaillent le quotidien d'une vie familiale. Les adultes qui entourent un enfant sont engagés dans de multiples relations et leur disponibilité, partagée ou pas, est parfois conflictuelle ou ambivalente. Nous ne savons pas toujours mettre des mots sur notre non-disponibilité, sur nos absences, sur nos autres engagements. Nous biaisons, nous cachons, nous éludons au lieu de nous affirmer et de nous positionner.

Et les adaptations nécessaires, indispensables à la survie, ressembleront parfois pour tel ou tel nourrisson, mais non pour tel autre, selon sa sensibilité ou sa vulnérabilité, à un manque essentiel, révélant le vide de la chambre ou de la maison. Un vide qui prendra soudain un caractère déconcertant, terrible, insoutenable, proche de l'anéantissement ou de l'effondrement. Un manque qui introduira sans prévenir une note discordante d'inquiétante étrangeté dans le cours jusqu'alors paisible des choses et des repères habituels de sa vie. Une absence qui introduira une rupture dans la continuité du sentiment d'exister, qui ouvrira une faille dans la confiance en un environnement jusque-là perçu comme fiable et sécurisant.

Certains états de malaises, de tensions, de stress..., voire de panique, peuvent naître ainsi de ces temps d'absences inévitables de maman, de celui ou de celle qui est là, près de nous, au tout début de notre vie d'enfant ou de bébé, et qui soudain disparaît sans prévenir ! Premières blessures profondes, archaïques ou anarchiques qui se créent en nous quand la personne la plus significative de notre entourage s'éloigne, vaquant à des occupations dont nous nous sentons exclus.

Que ces absences soient réelles ou non, elles sont quelquefois intériorisées comme des manques – par exemple quand maman est là physiquement, mais qu'elle est absente psychologiquement parce que préoccupée, triste, absorbée par un deuil... Que ces absences soient imaginées, inventées, interprétées à partir d'indices mineurs, de gestes ébauchés, de bruissements imperceptibles, de mouvements fugitifs, subtils ou voilés, elles s'inscrivent douloureusement dans cette part de fragilité qui habite alors le bébé, dans cette séquence de vie-là !

L'*éprouvance* du manque associée à ces absences sera irrémédiablement et fidèlement engrangée dans la mémoire extraordinaire du corps.

Nous avons là l'origine d'une foultitude de blessures primitives, sauvages, incontrôlables et parfois « impansables », qui vont s'inscrire en nous dans les premiers temps de la vie, quelle que soit la qualité des soins, de la présence et de l'amour offerts.

Une respiration retenue, un regard affolé, la quête d'un visage ou d'un sourire familier, un dos crispé dans l'attente, un ventre ou un estomac noué, un pincement de cœur, autant de petits signes infimes qui structurent une symphonie pathétique et crient à leur façon, bien avant Jacques Brel : « Ne me quitte pas, ne me quitte pas ! »

Vide-absence, silence éperdu et solitude-chaos tatoueront leur marque indélébile tout à l'intérieur du corps-parole. Ils se cristalliseront parfois en angoisses, en peurs, en colères ou en désarrois muets. Et cela si profondément qu'ils resteront enfouis longtemps en chacun avant de se réveiller, plus tard, un soir ou un matin, à partir d'un événement banal, puéril, insignifiant, qui viendra titiller, réactiver cette blessure primitive liée à un abandon vécu ou imaginé. Que cet abandon soit, rappelons-le, réel ou imaginaire ne change rien à la force de l'empreinte. Et plus tard, il y aura un réveil, une réactivation, avec la mise à jour d'une blessure jusqu'alors silencieuse, à partir d'un événement bénin, banal en apparence. Cela se fera parfois d'une façon si soudaine, si violente, qu'elle surprendra notre entourage et nous-même.

L'aventure se poursuivra tout au long de la petite enfance, au travers des péripéties de la vie familiale, professionnelle et sociale des parents. Avec l'éloignement, la maladie, la disparition ou la perte d'êtres proches et surtout uniques, seront restimulées ces plaies cachées et invisibles qui habitent chacun.

La disparition d'un grand-père, la mort d'une grand-mère, un visage connu qui n'apparaît plus. Un sourire, une odeur, une voix, le rythme d'un pas ou les vibrations d'un corps qui n'est plus là, qui ne colorent plus le quotidien, qui n'éclairent plus le présent, et voilà que le doute, l'étonnement et l'incompréhension s'installent, distillant sur les attentes de l'imaginaire des germes de désespoir, des relents de souffrance, des remous de frustrations et de refus, des courants violents d'accusations diffuses contre un autre aimé et indispensable, contre soi-même le plus souvent.

Un changement d'école, l'enterrement d'un parent, le déménagement d'un voisin, un animal perdu ou qui vieillit plus vite que nous... et le venin de la peur la plus tenace – celle de l'abandon – s'installe, défiant toutes les tentatives de réassurance et de réconfort.

Une peluche chérie ou un jouet qui s'égare, autant de pertes, de manques qui se gravent dans l'indicible. Un mensonge aussi, déposé en caution, contre la peur des adultes de blesser, de faire de la peine avec des phrases comme : « Ne pleure pas mon chéri, maman revient tout de suite... », ou : « Essaie de dormir, maintenant, cela ne sert à rien de t'inquiéter, papa est en voyage pour longtemps... », alors qu'il vient de se tuer dans un accident d'auto !

C'est ainsi que le doute, la méfiance, l'insécurité, le sentiment de rejet ou l'impression de ne pas être digne d'intérêt, tels des poisons, taraudent nos certitudes, polluent nos élans, dégradent nos amours et pervertissent nos attentes. Notre imaginaire dérape, construit une néo-réalité nourrie de fantasmes chargés de donner un sens à l'inexpliqué.

Celui-là qui est présent et qui m'aime, ou celui-ci qui est proche et que j'aime, alors il est aussi susceptible de s'éloigner, de me perdre peut-être dans la forêt comme le petit Poucet, de disparaître sans donner signe de vie et d'amour, et même de se perdre à jamais, peut-être, dans la nuit de mes oublis !

Grandir, c'est apprendre à se séparer en restant entier.

Et plus tard encore, en grandissant, vient la découverte que les sentiments changent, mutent, se volatilisent parfois. La découverte, aussi, que les sentiments d'amour, qu'il ne faut pas confondre avec l'*aimance*[1], s'usent, s'abîment. Par manque de regard, par trop de silences, par les malentendus du quotidien qui ne sont pas repris, élagués et lavés par une parole claire, l'amour maltraité se blesse. Un amour peut dépérir et même se détruire de n'avoir pas su se nourrir d'une relation vivante.

1. J'appelle « aimance » le sentiment d'amour de base dans lequel la dimension sexuée agit ou intervient *a minima* et qui me relie à un être significatif et parfois essentiel de mon histoire.

Il y a aussi le désamour, avec cette constatation étrange de sentir s'éteindre la flamme et tiédir la chaleur de l'amour, puis, à un moment donné, de n'en plus percevoir que la cendre. Le désamour qui s'insinue entre deux êtres, qui s'installe durablement, qui déstabilise et meurtrit.

« Je croyais l'aimer pour toujours et voilà que mes sentiments mêmes me trahissent, que je n'éprouve plus cette passion, ce désir qui m'habitait, me cernait de partout il y a encore si peu de temps ! »

« Cette relation si essentielle, si vitale pour moi, qui se transforme ou qui fuit plus vite que mon désir de la garder au présent... »

Avec, quelquefois aussi, une usure plus lente, plus sournoise, qui laissera un goût d'amertume et de désespoir bien après les désillusions et les déceptions :

« Il est aujourd'hui tellement différent de tout ce que j'avais imaginé aux premiers temps de la rencontre ! »

« Elle n'est plus la même, je ne comprends pas ce qui a pu se passer... »

Toute relation intime, essentielle, est traquée par l'implacable voracité de la routine, corrodée par l'usure d'un quotidien à temps plein qui ne prend pas le temps de s'oxygéner. Avec des sensations contradictoires qui surgissent dans différentes séquences de vie et qui dépassent notre volonté, notre entendement. Avec des sentiments si complexes, si diffus qu'ils nous gênent et nous déchirent quand l'être temporel que nous sommes croise l'être intemporel et éternel qui nous habite aussi.

Au-delà, donc, des avatars liés à l'évolution de toute relation, au-delà des remous d'un changement personnel indispensable à toute croissance, mais qui menace les équilibres acquis, violente parfois les croyances et remet en question les engagements pris, toute vie relationnelle s'inscrit dans l'imprévisible. Toute existence est susceptible de nous surprendre dans nos vulnérabilités, dans nos fidélités comme dans nos possibles.

Arrive aussi, à tout âge, sans prévenir, le choc de la mort soudaine ou attendue, violente ou apaisée, injuste et cruelle le plus souvent, d'un être issu de notre chair. Celle d'un enfant porté pendant de si longs mois, accompagné, nourri et préparé avec passion à plus de vie, et qui s'en va, passe de l'autre côté après seulement quelques heures, quelques jours ou quelques semaines de partage. Le petit texte suivant énoncera ma position sur cette question :

« Il est venu au monde
et je l'ai perdu avant même de le rencontrer »,
s'est lamentée cette femme.
Je n'ai pas su lui répondre, à cette époque,
ce que j'ai découvert depuis et que je sais aujourd'hui.
Que certains bébés, certains enfants
se « donnent la liberté » d'apparaître,
de seulement apparaître dans la vie,
pour insuffler l'envie à l'un de leurs parents
de naître enfin ou d'accéder à plus de vie
dans leur existence.
Certains enfants sont de passage
pour montrer à l'un ou à l'autre
de leurs géniteurs un chemin,
pour témoigner d'un choix de vie à faire.
Certains enfants, par leur mort subite,
invitent...
leurs parents à oser un changement
qu'ils n'avaient pu envisager jusqu'alors.
Certains enfants ont ce pouvoir de dire
par leur présence furtive et fugitive

et leur disparition brutale :
« *Ose ta vie, toi seul la vivra* ».
Nous pouvons ainsi écouter et entendre
le message secret
envoyé par ces enfants dont la présence
si éphémère
nous blesse à jamais
si nous restons sourds à leur message d'espoir.

Oui, la vie n'étant parsemée que de rencontres et de séparations, c'est bien dans la façon dont je vais pouvoir inscrire la trace vivifiée en moi de chacune de ces rencontres que je vivrai les séparations soit comme des pertes, soit comme des signes vivants de dépassement de soi et de naissance. Des signes qui m'ouvriront à plus d'indépendance et de créativité, contribueront à mon évolution et me confirmeront dans l'existence du meilleur de moi en moi.

APPRENDRE À VIVRE LES SÉPARATIONS ET LES RUPTURES

Apprendre à vivre les séparations dans le vaste registre où elles s'inscrivent, dans la complexité et la multiplicité où elles se signifient, fait partie des apprentissages nécessaires de la vie.

Car la vie de tout être humain n'est tissée que de rencontres et de séparations, d'attachements et de détachements, d'alliances et de désunions, sinon de pertes et d'abandons, qui seront autant de situations sources de souffrance.

Que le terme ou l'échéance de ces séparations soit :
- décidé, souhaité, voulu activement ou passivement, clairement énoncé par une rupture, une mise à distance ou une séparation,

• subi et imposé à nous (abandon, perte, deuil...),
les modalités sont nombreuses et chacune possède des caractéristiques précises et recèle un sens.

La rupture

Une rupture est la résultante d'une impossibilité durable à mettre fin à une relation mal vécue, impossible, invivable, destructrice ou énergétivore :

« Je vis avec lui une relation invivable, mais ni lui ni moi, ne prenons le risque de nous séparer. Nous attendons le tremblement de terre qui brisera nos peurs ».

Quand l'un des protagonistes d'une relation significative n'arrive pas à se séparer, à quitter l'autre, alors l'un et l'autre vont tirer sur la relation, comme pour la déchirer, la casser. Ils ne vont pas hésiter à la maltraiter, la disqualifier, l'abîmer et même tenter de la tuer en niant son importance. On assiste ainsi à des conduites de maltraitance extraordinaires, subtiles ou violentes, à la mesure du désespoir de chacun.

Cette modalité est toujours aliénante, car elle épuise et désespère l'un qui s'acharne à rompre et l'autre qui résiste à un éloignement possible vécu comme dangereux. Quand la relation fatiguée, usée, meurtrie ou blessée casse enfin, se déchire, alors l'un des deux... tombe de haut et a mal, très mal.

L'abandon ou la fuite

Dans cette modalité, l'un des deux partenaires, celui qui ne s'est pas réellement engagé, ou qui ne s'investit plus dans la relation, peut parfois tenter de se séparer, de s'éloigner ou de se différencier davantage, en prenant de la distance ou en s'éloignant sans explication, sans pouvoir se responsabiliser clairement dans son positionnement. Plusieurs cas de figures peuvent se présenter alors.

L'abandon actif. Pour lutter contre sa propre culpabilité, pour tenter d'atténuer sa gêne ou éviter de se confronter à une image négative de lui, celui qui décide de mettre un terme à une relation ou de se désengager d'un contrat va parfois le faire en rejetant l'autre, en le négativant. C'est l'autre qui, devenu insatisfaisant, sera vu comme mauvais. Ce dernier, confronté à cette perception dévalorisante de lui, au cœur même de sa vulnérabilité car il subit cet abandon, ressent une blessure narcissique d'autant plus profonde que, le plus souvent, il éprouve encore des sentiments intenses et vivaces envers celui qui abandonne. Ce type d'abandon, de rejet, ouvre une blessure équivalant quelquefois à une violence mortelle.

L'abandon passif. Dans ce cas, celui qui est abandonné ne supporte pas l'impuissance dans laquelle il se trouve, il n'accepte pas d'être « laissé » ou « écarté ». En découvrant que ses sentiments n'ont pas de pouvoir sur ceux de l'autre, il se trouve confronté à la négation de ses croyances intimes, telles la mythologie de l'amour éternel, ou l'utopie de l'amour tout-puissant. Après s'être débattu, avoir donné encore plus de preuves ou de démonstrations de son amour, après avoir témoigné de son attachement et de ses renoncements, il peut être tenté de retourner la situation, avec le paradoxe suivant :

« Puisque tu ne m'aimes plus, moi non plus... »

« Puisque tu ne veux plus de moi, je vais te le faire payer. »

« Puisque je ne suis plus digne de toi, c'est que je l'ai mérité, je dois donc me punir encore plus... »

Quelle que soit la stratégie utilisée, elle sera toujours douloureuse. Que ce soit sous la forme d'une violence franche, pleine d'agressivité tournée vers soi ou vers l'autre, ou sous la forme d'une violence larvée, directe ou indirecte, dans tous les cas elle est vécue comme autodestructrice.

Pour éviter les déchirements liés aux ruptures, pour diminuer le sentiment de rejet, les blessures ou les violences autopunitives associées à l'abandon, il appartient à celui ou celle qui décide de rompre ou de mettre un terme à une relation d'apprendre à témoigner de l'évolution de ses propres sentiments, de clarifier son positionnement de vie, de s'impliquer personnellement devant l'autre. L'enjeu le plus évident sera dans une confrontation plus ouverte des engagements pris, pour découvrir que la fidélité à l'autre n'a plus de valeur, qu'elle n'est plus qu'une référence fictive car elle ne correspond plus, à un moment donné, à une fidélité à soi-même.

Le renoncement

Il est possible d'accepter de renoncer à une relation, aussi importante soit-elle ou ait-elle pu être, quand elle n'est plus bonne pour nous ; quand nous sentons qu'elle est porteuse de violences directes ou indirectes, visibles ou voilées ; quand elle touche à des zones aveugles où l'intolérance est réveillée, où la vulnérabilité est sans cesse à fleur de peau ; quand nous éprouvons qu'il n'est plus possible de se respecter. Alors il vaut mieux lâcher prise et renoncer à une relation, aussi importante soit-elle ! Renoncer à une relation invivable ou devenue insatisfaisante est une démarche active, positive, d'affirmation et de réappropriation de son intégrité. Il ne s'agit pas de rejeter, de disqualifier ou de juger l'autre comme mauvais, mais bien de lui signifier :

Cette relation qui a été à certains moments importante, et même bonne pour moi, ne l'est plus. Elle ne me rejoint plus dans mes attentes profondes, elle ne correspond plus à l'homme ou à la femme que je suis devenue, je préfère y renoncer.

En renonçant à une relation vécue comme négative, j'apprends à me respecter et mon corps m'en sera reconnaissant. Combien de somatisations, d'infections et surtout d'accidents sont-ils à relier à des conflits intra-personnels insolubles par un choix ou une décision délibérée quand ils sont pris dans des enjeux trop contradictoires ? Conflits à l'intérieur d'un être qui expriment sa difficulté à se différencier, à se séparer de quelqu'un qui lui propose ou lui impose une relation insatisfaisante, menaçante ou dévalorisante. Conflit entre une partie de lui dont les désirs évoluent dans d'autres directions que la relation principale et sa conscience qui ne peut admettre cette évolution de son désir.

« Je n'arrive même plus à embrasser ma femme, le simple fait qu'elle me touche ou s'approche de moi me donne envie de me détourner, mais je n'arrive pas à lui dire ce que je ressens vraiment. Chaque fois, je lui fais de la peine. Peut-être que ces sensations ne sont que passagères, que je vis comme beaucoup d'hommes de mon âge la période du démon de midi, et qu'il vaut mieux attendre encore ? »

L'homme qui témoigne ainsi n'a plus de désir depuis longtemps dans cette relation. Il a retrouvé il y a quelques mois une amie de longue date pour laquelle il a ressenti une forte attirance, un désir qu'il ne peut cependant reconnaître et qui l'a submergé :

« Quand je me suis retrouvé seul avec elle, je ne sais pas ce qui m'a pris, je lui ai passé mes bras autour de la taille, et je suis parti en courant, sans pouvoir dire un seul mot. Le lendemain, je l'ai rappelée pour m'expliquer... Cette femme, je ne l'ai pas revue depuis ce jour, mais je l'ai là », avoue-t-il. Son regard s'illumine, il se redresse et porte la main à sa poitrine côté du cœur.

Il est torturé par cette extinction du désir en lui, alors qu'il éprouve des sentiments pour la femme avec laquelle il s'est engagé, un attachement qui ressemble plus à une relation de frère et de sœur qu'à une relation de couple. Il veut croire que le désir peut revenir : « Il suffirait que j'aie du désir pour que tout recommence ! »

Les séparations

Il arrive que les sentiments changent, que l'évolution d'un partenaire l'entraîne à revoir ses engagements, à se repositionner dans une fidélité dépassée ou caduque. Une mise en mots à partir de son propre ressenti sera nécessaire...

Je ne peux partager un projet commun, mais je peux partager mon vécu.

Mettre en mots, ce sera :

- pour celui qui part, oser témoigner, au-delà de sa décision, de la nature de son ressenti, de son expérience vécue. Quand il est possible d'exprimer tout le bon de la relation passée sans l'identifier aux difficultés, aux divergences, aux heurts ou aux conflits du présent, des échanges structurants peuvent favoriser la décision de se séparer.
- pour celui qui reste, dire ce qui est ébranlé en lui, ce qui est atteint, reconnaître à quelle blessure ancienne il est renvoyé. S'il peut se sentir entendu et confirmé, il est

vraisemblable que s'apaiseront plus vite les désarrois liés à la perte.

Lorsqu'un couple se sépare, il est important aussi de pouvoir différencier le niveau de la relation du couple et le niveau de la relation parentale, et de pouvoir dire, aux enfants notamment, sur quel niveau porte la séparation.

Avec la perspective d'un divorce, c'est bien la relation de couple qui est interrompue. Il s'agit de pouvoir tenir des propos tels que :

« Je quitte mon mari. »
« Je me sépare de ma femme. »

La relation parentale, elle, doit pouvoir continuer quoi qu'il en coûte, car on ne devient pas ex-père ou ex-mère. Il s'agit de pouvoir témoigner du maintien de ce lien :

Je continue de voir cet homme comme votre père.
Je considérerai toujours cette femme comme votre mère.

Malheureusement, dans la phase réactionnelle d'une séparation, ce sont parfois les deux relations – la relation de couple et la relation parentale – qui sont rejetées, car trop confondues dans les ressentiments et les accusations mutuelles !

LES PERTES

Les pertes d'un être cher sont l'une des constantes de toute existence humaine. Le propre du vivant, c'est qu'il a une vie, et cette vie, une durée, même si nous pouvons nous entretenir dans l'illusion que de tels malheurs n'arrivent qu'aux autres, espérer en être épargnés et pouvoir échapper à l'irruption incontournable de la mort.

Tout vivant est, par définition, non seulement vulnérable mais surtout périssable. La mort est le processus ultime de l'évolution de la vie, mais elle ne s'inscrit pas dans la vie uniquement en termes de finalité, elle survient aussi dans l'imprévisible. Elle peut surgir injuste, impitoyable, soudaine et brutale ou lente et inexorable dans l'existence de chacun.

La mort est vécue non seulement comme une perte, mais aussi parfois comme un abandon ou une trahison. Ne dit-on pas :

« J'ai perdu mon mari/un enfant/ma mère... »

« Il est parti trop vite, il m'a laissée... »

« Il m'a fait ça, mourir avant moi, il n'avait pas le droit ! »

Quand la perte est vécue comme un abandon ou comme une trahison, elle s'inscrira sous forme d'un deuil gelé ou impossible dans le corps de celui qui reste, ou encore sous forme de ressentiments, de violences cachées ou d'agressivité niée.

Combien d'enfants à l'aube de leur vie, ayant perdu un parent proche, n'ont-ils pu exprimer l'incroyable violence qui les habitait, les envahissait, mélangée à d'autres sentiments plus chaotiques, tels la tristesse, les regrets amers, l'incompréhension, la révolte, la colère ou les ressentiments ?

« Pourquoi à moi ? Pourquoi cela m'arrive-t-il à moi, maintenant ? »

Quand un enfant entend sa mère dire à une voisine : « Depuis que j'ai perdu son père, j'ai repris un travail... », qu'entend-il réellement dans le mot « perdu » ? Imaginet-il durant quelques heures, quelques jours, quelques mois que « son papa a été perdu, tel le Petit Poucet, dans la forêt... par une maman qui préférait travailler » ? Fera-t-il, par la suite la guerre à sa mère chaque fois qu'elle partira pour son travail ? Combien d'ex-enfants vont-ils durablement, inlassablement, rechercher ce père perdu au détour d'un échange non clarifié ?

Pour éviter que ces pertes accompagnées de sentiments refoulés ne se traduisent en somatisations (kystes, cancers, ulcères, paralysies diverses...), il appartiendra à celui ou à celle qui reste d'apprendre à faire le deuil. De se donner les moyens d'intégrer l'absence non comme une dépossession, une privation, mais comme un changement d'état avec un lâcher-prise sur les sentiments négatifs, parfois si soigneusement entretenus et si longtemps portés, et remis à jour par la disparition d'un être cher, trop cher.

FAIRE LE DEUIL

Faire le deuil signifie se donner les moyens d'entreprendre trois principales démarches :

- Reconnaître et dire les sentiments positifs ou d'amour que nous éprouvions pour la personne disparue.
- Reconnaître et dire les sentiments négatifs que nous portions sur cette même personne.
- Reconnaître et dire en quoi cette relation a été importante, difficile et stimulante, aliénante ou créative pour nous, à différentes époques de notre existence.

Voyons plus en détail chacun de ces points.

Reconnaître et dire les sentiments positifs ou d'amour que nous éprouvions pour la personne disparue. Il n'est pas toujours facile de reconnaître l'amour que nous portons, que nous avons enfermé en nous pour un père, une mère ou un être cher, surtout quand il ne savait pas le recevoir ou quand nous avons été un(e) spécialiste de l'autoprivation.

Combien d'entre nous préfèrent nier leurs sentiments plutôt que de les reconnaître, ou restent silencieux et refusent de les nommer, d'en témoigner ou de les exprimer à l'intéressé ? Combien se refusent à eux-mêmes de les donner, de les offrir, par rétorsion, par punition, par vengeance ou par ressentiment ? Tout se passe comme si ces sentiments occultés, rejetés, allaient par la suite pourrir en eux, quand l'objet d'amour a disparu.

« Pendant toute mon adolescence et le début de ma vie d'adulte, j'ai rejeté mon père. Je croyais même le haïr tellement j'avais été déçue par lui. Après sa mort, j'ai découvert en moi tout l'amour que je n'avais jamais pu lui donner. Je me sentais mal, j'avais l'impression d'être empoisonnée. Je pensais sans cesse à lui, à tout ce que j'aurais aimé lui dire... »

Ma thèse, dans ce domaine, c'est que beaucoup de cancers ont pour origine, justement, le fait que l'on ait étouffé, nié, maltraité en soi un sentiment d'amour essentiel et vital pour un être significatif. La plupart de ces ex-enfants qui se plaignent et accusent tel ou tel parent de ne pas les avoir aimés... ont surtout pratiqué une rétention d'amour. Ils n'ont pas pu « déposer » sur la personne aimée-haïe leurs sentiments intenses, forts, ils n'ont pas pu donner libre cours à leurs sentiments et ceux-là mêmes, par la suite, les étouffent, les ravagent de l'intérieur.

À assassiner des sentiments trop vivants en soi, c'est son corps qu'on mutile irrémédiablement. Entreprendre une démarche de réconciliation avec soi supposera de représenter les sentiments enfin reconnus par un objet symbolique et de déposer par exemple cet objet sur la tombe du parent décédé. Acte d'amour inconditionnel puisque ce don sera fait sans espoir d'une contrepartie ou d'une confirmation des sentiments de l'autre.

Reconnaître et dire les sentiments négatifs que nous portions sur cette même personne. Nous sommes faits d'ombres et de lumière, de pôles négatifs et de pôles positifs qui structurent d'une certaine façon notre unité, notre équilibre interne.

Il est également important de reconnaître la nature, l'importance, la force et l'intensité des sentiments négatifs qui nous habitent à l'encontre de quelqu'un de proche, de significatif ou d'essentiel pour nous, surtout quand il nous quitte ou meurt, afin de ne pas les garder en soi comme un dépôt purulent et malsain.

Ces sentiments sont parfois refoulés, déviés ou déplacés sur des positions de pseudo-compréhension : « Ce n'est pas de sa faute, lui aussi a souffert quand il était jeune... », ou de justification : « C'est normal qu'elle soit comme cela, à son âge, elle ne pouvait pas comprendre... »

Reconnaître et entendre en nous ces sentiments négatifs, violents, qui parfois nous font honte, qui nous paraissent inadéquats, trop terroristes et oser les énoncer, en témoigner à la personne, même après sa mort, favorisera la démarche de deuil. Cela est possible en particulier par une symbolisation[1] qui permettra le plus souvent un processus d'ajustement et de réconciliation avec soi-même, avec le meilleur de soi-même.

1. Les démarches symboliques sont de véritables langages pour s'adresser à l'inconscient. À ce propos, *cf. Contes à guérir, contes à grandir*, où sont illustrées et développées ces thèses.

« Le jour où j'ai déposé sur la tombe de mon père toute ma haine contre son alcoolisme, en enterrant une bouteille de vin, sur laquelle j'avais écrit "Alcool de père", c'est comme si j'avais lâché deux tonnes de refus et de contraintes. Une véritable libération a commencé pour moi... »

« Quand j'ai pu rassembler dans un grand sac, écrites sur des bouts de papier, toutes les disqualifications, les dévalorisations et les humiliations que ma mère avait déposées sur moi pendant trente-cinq ans, et que je suis allée brûler le tout sur sa tombe, tous mes ressentiments, mes accusations contre elle ont disparu d'un seul coup. »

Reconnaître et dire en quoi telle relation a été importante, difficile et stimulante à différentes époques de notre vie. Identifier, définir et dire en quoi la relation, qui s'est arrêtée avec la disparition de l'autre, a été vitale, tonique, stimulante, douloureuse, infantilisante ou source de créativité est un acte important de reconnaissance. Je pense là encore aux relations ex-enfants-parents.

Ainsi, de même qu'au tout début de la vie nos parents nous reconnaissent, par un acte légal à la mairie, « fils ou fille de... et de... qui l'a reconnu », de même il appartient à chaque ex-enfant devenu adulte de reconnaître chacun de ses parents pour ce qu'il est ou a été.

« Oui, j'ai eu cet homme-là comme géniteur, même s'il n'a pas su devenir le père ou le papa que j'aurais voulu qu'il fût ou que j'aurais voulu avoir ! »

« J'ai eu comme mère cette femme-là, même si elle a été trop maman poule à me nourrir sans arrêt, à me gaver de son angoisse ou de ses manques... »

Cet acte de reconnaissance de nos parents par nous-même nous réconciliera avec la chaîne des générations et nous inscrira dans un devenir humain moins violent.
Se développer et maturer, grandir et croître, ce sera pour chacun d'entre nous accepter à la fois l'irruption d'un changement dans nos relations essentielles et le possible d'une perte dans nos relations les plus vitales. Celle d'un être proche qui nous est cher, celle d'un proche qui ne l'est plus parce que nous avons changé, parce qu'il a évolué et a suivi un chemin différent du nôtre.

Tout au long de notre vie,
nous quittons et nous sommes quittés.
Nous avons à renoncer à une grande part
de ce que nous aimons.
La perte semble être le prix
de l'agrandissement de la vie.
C'est aussi la source
de la plupart de nos progrès.

Sentiments et ressentis

Nous confondons souvent ressentis immédiats et sentiments plus profonds qui relèvent d'un processus de nature plus complexe.

Si les premiers correspondent à une expérience subite et superficielle d'éveil de la sensorialité, les seconds se caractérisent par la participation souterraine d'un processus continu et persistant dont le sillon est creusé au cœur même de notre vérité intime.

Autrement dit, un ressenti brut s'exprimera sous cette forme : « Aïe ! ça pique, j'ai mal !... Mmm ! c'est bon... », tandis qu'une émotion élaborée en sentiment s'énoncera plutôt en ces termes : « Je te déteste... Je t'aime », et aura des ramifications plus profondes, plus durables.

De sorte que nous percevons clairement que nous avons affaire à deux ordres de réalités différents. Pourtant, combien de fois nous laissons-nous duper, dans le vécu d'un quotidien foisonnant de situations variées, d'événements et de stimulations multiples, en nommant sentiment ce qui sera de l'ordre d'un ressenti ou l'inverse ! Combien de fois nous méprenons-nous sur ces deux niveaux, que ce soit dans le sens de croire à un sentiment là où il ne s'agit que d'un ressenti ou dans celui de réduire à un ressenti ce qui est peut-être déjà l'annonce d'un sentiment ?

Alors, comment s'y retrouver au royaume du « senti » et du « ressenti » où règne notre subjectivité affective, siège par excellence de notre logique irrationnelle et inconsciente ?

LE REGISTRE DES SENTIMENTS

Les sentiments naissent et grandissent dans le « cœur à cœur », ils révèlent ce que certains appellent la rencontre des âmes. Ils se vivent dans la durée et prolongent le ressenti qu'ils transfigurent parfois. Ils contribuent à former la trame du tissu conjonctif qui constitue le lien entre deux êtres, à le nourrir, à le consolider et à en assurer la continuité, et cela quelle que soit leur nature. Car les sentiments ont de multiples facettes ; toile de fond de notre vie émotionnelle, ils se répartissent sur une vaste palette dont les couleurs de base s'étendent des tons chatoyants et lumineux de l'amour aux dégradés sombres, noircis par l'ombre obscure de la haine ou de l'ambivalence, en passant par les teintes pastels et douces de la tendresse et les tonalités neutres de l'indifférence.

Les sentiments développent une énergie propre, soit destructrice, soit créatrice. Ils seront tantôt la manifestation triomphale de l'élan vital, tantôt l'expression démoniaque de l'instinct de mort. Ils peuvent mobiliser des forces insoupçonnées, centrifuges ou centripètes, dont les effets vont s'exercer dans un sens positif ou négatif, de stimulation ou d'inhibition, et générer un puissant mouvement d'ouverture ou de fermeture, d'éclatement ou de fusion, de différenciation ou de réunion et favoriser ainsi attraction et attirance ou répulsion et rejet. C'est l'empreinte et la trace particulières des infinies combinaisons possibles de ces différents effets et mouvements entre eux, c'est leur intensité et leur rythme qui définiront la qualité d'un sentiment, sa richesse, ses nuances.

Le sentiment d'amour en particulier est à l'origine d'un mouvement paradoxal, tout à la fois transformateur et intégrateur de l'être dans son rapport à lui-même, à l'autre et au monde, et cela dans ses deux dimensions organisatrices que sont l'espace et le temps. En tant que générateur de délicieuses ou tumultueuses modifications dans l'ordre des lois de l'univers intime, il connote d'extraordinaire les repères qui structurent habituellement les contingences quotidiennes, il leur imprime d'autres formes, plus malléables, plus souples et élastiques.

« Durant tout le temps où je fus amoureux d'elle, j'affrontais les difficultés liées à mon travail avec une énergie décuplée. »

« Moi qui jusque-là consacrais un temps fou à travailler, m'occupant de charges qui ne m'étaient pas toujours demandées, moi qui étais toujours disponible sans compter mon temps, voilà que je ne pense plus qu'à une chose : pouvoir me libérer et retrouver mon amie. Le travail n'est plus qu'un gagne-pain qui me permet de payer mes notes de téléphone (on s'appelle tous les jours et même plusieurs fois par jour), mes déplacements et mes week-ends d'escapade amoureuse. Mon banquier m'appelle régulièrement mais je m'en moque, toutes ces préoccupations me passent au-dessus de la tête, je n'ai qu'une idée en tête : *elle* ! »

Le sentiment amoureux redessine la géographie de l'espace, remodèle la plastique de nos pays intérieurs. Il peut être vécu comme un véritable prolongement de soi vers l'autre, ou comme un rapprochement de l'autre vers soi. Tel un pont, une passerelle, il nous aide à franchir des distances, à relier deux vies, deux expériences qui parfois, au départ, sont aux antipodes l'une de l'autre.

Tel un aimant, il rend l'autre tout proche. Qu'importe alors les séparations, les différences et même les antagonismes !

Le sentiment d'amour redistribue également les données de l'horloge du temps et de la durée. Qui n'a pas connu les heures interminablement longues des attentes impatientes, la fuite des instants si courts quand vient l'heure de se quitter ? Il suscite aussi un vaste processus amplificateur, rétrospectif et anticipatoire qui révolutionne le présent, synthétise les données relatives au passé et instaure selon un projet unificateur un nouvel ordre de réalité dans l'existence. Il introduit dans la finitude des jours des « moments d'éternité », revisite les expériences antérieures pour en élaborer une histoire conjuguée sur d'autres bases et ouvre à des perspectives de futur recomposé. Il constitue ainsi la matrice émotionnelle d'une nouvelle entité collective et solidaire à deux, exprimée dans un « nous » embryonnaire, archétype d'un couple qui se prolongera ou non dans une forme institutionnalisée comme le mariage ou même l'union libre.

LE RESSENTI

Le ressenti, lui, constitue le premier indicateur perçu de l'impact d'une interaction, depuis la plus banale jusqu'à la plus intime. Il est le support ou le moyen d'expression de l'ensemble des phénomènes empathiques de base qui interviennent dans la création des tous premiers liens. Il est dérivé de cette impression primaire, intuitive et quasi sensuelle que l'autre est fait de la même « pâte » que nous et du besoin d'une communication interpsychique avec lui.

Le ressenti s'ancre davantage dans le « corps à corps », dans le charnel. Il s'inscrit dans l'instant, se joue en pointillés dans le contextuel d'une rencontre et la discontinuité de l'éphémère. Activé de l'extérieur, il plonge ses racines dans le vécu corporel et englobe les représentations mentales imprimées depuis l'aube des premières relations. Il se traduit par un état de bien-être ou de malêtre, lui-même fondé sur le principe de plaisir-douleur, intégration-effraction. Les ressentis de plaisir et de joie seront assimilés sous forme d'expériences pleines et constitueront l'assise du sentiment de sécurité et de confiance en soi tandis que les ressentis de désagrément et de douleur se marqueront en creux, semblables à des trous psychiques dont le corps émotionnel traumatisé gardera la mémoire intacte.

De quel senti originaire le ressenti est-il la reviviscence ? De quels prolongements est-il l'annonce inaugurale ? Nul ne le sait vraiment ! Toujours est-il que l'éventail de la sensation et de la réaction peut être très large, très fort, si intense et si vif qu'il suscite parfois une véritable ivresse. Il est alors confondu avec un sentiment. Car dans leur nature et dans leur substance, sentiments et ressentis, conformément à leur origine étymologique, se structurent autour d'un noyau d'expérience commun, celui d'un senti en relation à l'autre, du moins au début.

« Je me sentais bien, en confiance, ouvert, j'avais envie de son écoute, de sa présence. Elle a cru que je l'aimais alors que j'étais seulement bien avec elle. »

« Dès que j'étais en sa présence, tout se passait comme si mes problèmes disparaissaient, mes tensions tombaient, un état de grâce, de confiance m'habitait et m'envahissait. Je recherchais sa présence, sa proximité, sans plus, en me laissant aller à mon ressenti. Lui m'a dit qu'il m'aimait. Ensuite il m'a traitée d'allumeuse quand je lui ai répondu que je n'avais pas de sentiments pour lui. Je me sentais un peu coincée, à l'époque je ne savais pas faire la différence entre sentiments et relation. »

APPRENDRE À DIFFÉRENCIER RESSENTI ET SENTIMENTS

À flirter avec les sens et le « senti », avec les sensations et les émotions, sentiments et ressentis induisent ainsi chez beaucoup une collusion trompeuse, prompte à entretenir l'illusion simplificatrice à laquelle, par économie psychique, nous sommes bien souvent prêts à croire. De là naît et se développe une confusion fréquente et tenace, difficile à démystifier. Bon nombre d'entre nous appelons sentiment ce qui n'est autre qu'un ressenti positif inscrit dans une séquence privilégiée et définie de relation. L'instantanéité épidermique d'un ressenti intense et significatif nous conduit en effet parfois à le prendre pour un sentiment inscrit, quant à lui, plus durablement dans la chair de chacune de nos fibres et dont la sève parcourt l'entièreté du corps. *A contrario*, il n'est pas toujours aisé d'identifier les présages d'un sentiment sous les apparences du surgissement d'un enthousiasme spontané. Nous avons donc, d'autres fois, tendance à réduire à un ressenti un sentiment à l'état naissant qui, sous cette forme, nous apparaît plus acceptable, moins dangereux, et se fraie ainsi un premier passage avant de trouver sa place en nous et de s'épanouir jusqu'à nous envahir.

Un autre écueil source de malentendus tient également aux différences individuelles et au seuil de tolérance propre à chacun de nous. Chacun possède son univers mythique de croyances, peuplé d'un ensemble de messages, d'idées, de représentations ou d'injonctions qui contribuent à définir ses aptitudes et son goût pour le plaisir, le bien-être, la tendresse, le bonheur. Et qui délimitent donc sa plage de sensibilité personnelle avec ses zones liminales de réactivité, c'est-à-dire ses points de départ et de non-retour en deçà et au-delà desquels aucune négociation affective n'est envisageable, ces points qu'il est si important de pouvoir nommer et énoncer à l'autre :

J'ai du plaisir à partager ces temps et ces activités avec toi. J'ai le désir de pouvoir les renouveler, mais pas à n'importe quel prix. J'apprécie tes marques d'attention, tes prévenances, mais je ne prendrai pas en charge ce que je ressens être ton besoin de réassurance.

Certain(e)s s'enflamment comme feu de paille alors que d'autres restent sur le qui-vive. Ils seront plus circonspects, prudents, réservés ou vigilants, que ce soit par expérience ou par déception, en raison de leurs attentes, de leurs exigences ou de leur lucidité en matière de relation.

Il nous appartient à cet égard d'apprendre à mettre en pratique les principes de base d'une communication vivante tels qu'ils sont présentés et illustrés dans la méthode ESPERE[1]. Il nous appartient également de savoir reconnaître et écouter en nous la gamme des ressentis et de leurs formes multiples, de commencer à apprendre à les différencier des sentiments, afin de pouvoir alors mieux en comprendre les paradoxes et les complexités dans notre quotidienneté. Et en particulier de mieux saisir le constat suivant maintes fois vécu par l'un ou l'autre des partenaires d'une relation amoureuse.

1. « Énergie spécifique pour une écologie relationnelle essentielle ». *Cf. Pour ne plus vivre sur la planète Taire* et *Une Vie à se dire.*

« J'ai beau éprouver des sentiments très forts pour quelqu'un de proche, j'ai beau l'aimer, il n'empêche qu'à certains moments je peux être habité par un ressenti négatif, désagréable, dissonant, pesant ou déconcertant qui me déstabilise. Je peux être préoccupé, me sentir frustré, tendu, mal à l'aise, inquiet ou angoissé avec quelqu'un d'aimé ou aimant. »

« À l'inverse, il m'arrive parfois d'éprouver des sentiments légers d'affection, d'amitié frivole, rieuse et taquine pour une autre personne. Il se peut même que je me sente d'emblée à l'aise avec un(e) inconnu(e) qui m'apparaît aussitôt sympathique, et je peux alors connaître un état d'âme très positif, être traversé par des ressentis d'abandon serein, de complicité et de joyeuseté... sans pour autant me sentir engagé par des sentiments d'amour. »

Ces quelques réflexions proposées à titre de repères confirmeront en même temps qu'il n'existe cependant aucune règle, aucune recette en matière de ressenti et de sentiment. Ces clarifications ne suffiront pas à sonder la part de mystère inéluctable propre à tout phénomène affectif et relationnel et à l'art d'aimer. Tout sentiment demeure par essence dans le registre de la créativité et reste fondamentalement unique et non reproductible. Alors, comment vraiment différencier un ressenti d'un sentiment si ce n'est par leur devenir ? Et comment prédire le sort de chacun, sinon se contenter de le constater dans l'après-coup ?

Que s'est-il passé au juste, ce jour-là ? Que s'est-il passé pour toi ? Le sais-tu ? T'en souviens-tu ? Qu'ai-je perçu dans ce regard, dans ce geste suspendu, dans ce mouvement un ins-

tant arrêté ? Qu'ai-je senti en toi, en moi ? Ce ressenti-là, c'est quelque temps plus tard que j'en ai compris la qualité, la teneur, la forme, la portée, les enjeux et les possibles.

L'accord amoureux n'est-il pas cet avenir possiblement incertain que connaissent parfois quelques ressentis prometteurs et exceptionnels dont la métamorphose en sentiment demeure toujours imprévisiblement potentielle, au point d'intersection de deux trajectoires de vie en mutation ? À la croisée de deux élans éperdus ou dans l'attirance de deux mouvements en quête l'un de l'autre et qui se reconnaissent dans l'infini d'un espace de vie ? Curieuse destinée que la rencontre magique de deux êtres ! Miraculeuse alchimie que celle des affinités électives et intuitives des ressentis et que celle des sentiments offerts et reçus !

Au-delà de l'indicible, de l'émotion, du trouble, du doute et des tâtonnements, l'accord amoureux c'est peut-être :

- Quand l'échange s'articule autour de l'entente, qu'il se fonde sur la cohabitation harmonieuse de sentiments et de ressentis authentiques et positifs qui vibrent à l'unisson.
- Quand cette cohabitation se fait syntone et synchrone dans une stabilité et une constance relative, gage d'une certaine durée reposant dès lors, non sur la volonté ou la contrainte, mais sur une nécessité interne issue du désir.
- Quand elle peut se vivre, de part et d'autre, dans une relative symétrie affective et sur la base d'interactions dont chacun des partenaires est tantôt l'initiateur, tantôt le récepteur.
- Quand elle s'opère dans le champ (chant) du partage, d'une réciprocité confiante et stimulante, et donc

d'une mutualité féconde et créatrice qui peut ainsi, de rencontres en étonnements et de découvertes en co-naissance, se ressourcer sans s'épuiser ni s'étioler.

– Quand *toi* rime avec *moi* et que chacun se sent plus beau, plus ouvert et entier d'être ainsi le réceptacle du sentiment de l'autre, habité d'un ressenti qui l'emporte et le transporte vers le meilleur de lui.

Pour s'engager dans des relations humaines
vivifiantes, il faut pouvoir faire preuve
d'un sens de l'improvisation qui les grandit
et leur donne un charme ineffable,
très encourageant pour les poursuivre...

L'éphémère de l'émotion

Dans l'éphémère d'une émotion surgissent des vérités essentielles, des instants de vie étincelants semblables à des diamants. Je crois que le propre de l'émotion réside dans sa fragilité ! Elle peut surgir à l'improviste, au détour d'une relation ou dans le prolongement d'une rencontre appelée par quelques signaux imperceptibles, réveillés par les mouvements infimes du cœur.

DES ÉMOTIONS INTENSES DE MA VIE

Ma vie est parfois parsemée d'émotions scintillantes comme le miroir d'un lac de montagne ; elle est aussi, d'autres fois, encombrée et obscurcie d'émotions multiples comme la voie lactée dans un ciel d'été, à la fois lumineuse et opaque.

J'ai ressenti une émotion d'une intensité incroyable lors d'un printemps à Amsterdam, quand j'ai « rencontré » les tournesols de Van Gogh. J'en avais vu mille reproductions sous forme de cartes postales, mais cette fois-là ils me sont apparus lumineux, vivants. Ils m'ont sauté au cœur. J'ai été parcouru dans tout le corps par une sorte de vibration puissante. Je devenais soudain plus réel, plus ouvert. J'ai compris que la lumière pouvait vibrer, respirer, palpiter dans le cœur d'une toile, telle une source inépuisable.

Je n'ai jamais oublié cette émotion, ce mouvement étonné surgi du profond de moi dans l'éclat d'une découverte. Avoir vu à Amsterdam ce Van Gogh m'a ouvert les yeux sur les rires et la joyeuseté de la beauté.

Je croyais jusqu'alors à la gravité de l'esthétique, au solennel du beau, aux pudeurs retenues des sens. Depuis, j'en ai découvert les fantaisies, les élans et les plaisirs. Une émotion ne dure pas, mais elle s'inscrit en nous tel un germe. Elle laisse des traces secrètes, même si nous avons parfois le sentiment de l'avoir perdue, elle demeure comme un petit soleil interne qui peut illuminer la grisaille des difficultés quotidiennes. Elle devient comme une rivière souterraine qui alimente, sans que nous le sachions, le meilleur de nous.

Le propre d'une émotion est de jaillir au plus imprévisible de l'existence : elle nous étreint, nous saisit à la gorge, elle capte notre regard, elle rejoint des énergies cachées qui soudain explosent à fleur de peau, prolongeant tous nos sens vers un peu plus d'absolu.

QUAND L'ÉMOTION NOUS TROUVE

Ce n'est pas en étant à la recherche d'une émotion qu'on la rencontre, c'est elle qui nous trouve, nous surprend, nous rejoint et nous éveille.

L'émotion touche une fibre dont l'éveil va éclairer des sentiments endormis, des sensations oubliées, des perceptions inattendues et les vivifier de sa palpitation... Il n'est pas facile de décrire une émotion ou d'en témoigner dans le langage des mots. Nous la portons dans la joie, dans la tristesse, parfois dans la nostalgie. Au plus profond, nous savons la fragilité d'une émotion, sa vacuité, son évanescence en même temps que son envahissement quand elle nous submerge. Aussi faut-il accepter de nous laisser accompagner par elle, au plus loin, au plus intime ;

de nous laisser porter par sa houle, grandir et amplifier par sa chaleur, enchanter par sa présence.

L'émotion est un fil d'or qui nous relie au sens caché des êtres et de nous-même.

L'émotion est comme un sésame, une clé pour accéder aux détours de notre sensibilité, à la richesse d'une écoute insoupçonnée. L'émotion nous fait découvrir ce que nous ne savions même pas savoir, elle nous fait pénétrer dans l'inimaginable.

Un jour, j'avais donné rendez-vous à mon Amour dans un café. J'étais en avance et j'ai vu arriver un homme et une femme d'un certain âge, c'est-à-dire plus âgés que moi. Ils se sont installés à une table voisine, face à moi, sans me voir, chacun absorbé dans le regard de l'autre. À un moment donné, la femme a manifesté un geste insolite, inattendu, un élan de tendresse, une preuve d'amour : elle a touché la joue de cet homme d'un effleurement si particulier, elle l'a regardé avec un regard si fertile que sa lèvre à lui s'est mise à trembler doucement. J'ai été bouleversé de voir cette femme proposer un geste d'une telle intensité en direction de l'homme qu'elle aimait. J'ai eu envie de pleurer et j'ai sangloté silencieusement d'un trop-plein de bonheur.

Ma soirée en fut transformée. J'ai reçu moi aussi ce geste béni comme un cadeau, une offrande inespérée. Celle que j'ai accueillie ensuite m'a trouvé joyeux, bon, « merveilleux » (*dixit*) grâce à ce geste adressé par une inconnue à son amant. Je ne les ai plus jamais revus, mais j'ai été maintenu dans la lumière éclatante de cet éveil plusieurs jours durant, grâce à la force, à la présence, à la qualité et au rayonnement de l'amour que j'ai capté dans ce simple geste et la façon dont il avait été reçu. J'ai eu l'impression que j'étais devenu moi-même plus sensible, plus intelligent ; comme irradié par le faisceau de ce geste d'amour.

L'émotion est éphémère et irrationnelle. Irrationnelle dans le sens où elle est totalement en dehors de nos habitudes et nous transporte.

Nous accueillons une émotion et lui donnons toute sa place quand nous sommes ouverts.

L'émotion est un miracle qui entre dans le quotidien. C'est du merveilleux qui surgit à l'improviste pour nous entraîner dans l'invention et le renouvellement insoupçonnés du présent.

Les émotions de l'enfance ont une vitalité si particulière, elles sont si fortes qu'elles sont l'équivalent de vagues de fond qui nous soulèvent, nous emportent et nous comblent d'émois avant de nous déposer aux rives d'un quotidien inchangé. Je garde la nostalgie des émotions de mon enfance avec le sentiment que je ne les rencontrerai plus jamais.

Le propre de l'émotion unique est de laisser une trace, d'enfouir en nous un sédiment, un ferment qui pourra renaître et resurgir à un moment donné dans un tout autre domaine.

L'émotion la plus intense de ces dernières années, je l'ai vécue à Paris au musée Picasso. En passant de salle en salle, j'ai pris conscience de l'incroyable créativité de cet homme, de son renouvellement constant.

Chaque fois qu'il aimait une femme, il pouvait changer totalement sa façon de peindre. On dit « un Picasso » mais en fait, il vaudrait mieux dire « les Picasso ». Oui, cet homme qui a peint pendant plus de quatre-vingts ans est resté d'une inventivité quasi permanente. Inventivité et créativité restimulées par l'amour des femmes qu'il avait rencontrées. Cette visite de salle en salle est toujours pour moi comme un pèlerinage amoureux. Elle soulève chaque fois une émotion composée d'acceptation, de joie, de plaisir. Un sentiment de contentement qui me renvoie aussi à chacune de mes amours, à l'unicité de chaque amour. Lors de ces visites, j'ai l'impression de me rapprocher de l'homme Picasso. Je ne l'ai jamais côtoyé, il y a un univers entre lui et moi, et j'ai cependant l'impression d'être un proche, d'être plus existant, par lui. D'être plus *existant*, je reviens sur ce mot, c'est-à-dire plus moi-même : c'est cela, la qualité d'une émotion.

Elle nous fait entrer plus loin dans la part de mystère qui accompagne une vie. L'émotion, si éphémère soit-elle, nous permet d'approcher le divin, le dieu ou les dieux cachés qui nous habitent, nous protègent ou nous trahissent parfois. Le rôle de l'émotion est de nous conduire un peu plus près, tout près de l'éveil à l'amour universel.

Il ne suffit pas que le soleil se lève,
encore faut-il transformer l'aube
en un jour nouveau.

Le symbolique : de la rupture à la réhabilitation

De tout temps dans l'histoire de l'humanité, l'homme a ressenti le besoin de se relier au symbolique pour tenter de comprendre l'origine du monde et domestiquer les forces de l'immensité et de l'insaisissable.

DES ORIGINES DE LA RUPTURE AVEC LE SYMBOLIQUE

Face à l'énigme de la création et aux mystères de la vie, il créa tout d'abord des images comme autant de ponts, de passerelles, de moyens de reliance ou d'arcs-en-ciel de représentations lancés en direction de la réalité pour iriser l'univers de significations, fussent-elles projectives. Sans quoi l'espace entre le dedans et le dehors eût été trop vide de sens et trop dense de frayeurs.

Pour ne pas se trouver face au néant et à l'angoisse, l'homme a tissé l'espace de tentatives d'explications en réponse aux questions existentielles ontologiques qu'il se posait. Pressentant l'immense fossé existant entre la réalité (toujours à l'extérieur) et le réel (à l'intérieur), il a au cours de son histoire suivi deux grandes pistes dont le tracé s'est dessiné à partir d'options et de choix fondamentalement différents dès le départ.

La première est celle qui a dominé dans le monde occidental et marqué de son empreinte nos modes de penser jusqu'à nos jours. À base de conquête, d'appropriation, de tentative de contrôle et de mainmise sur cette réalité, cette piste a été jonchée de violences, parcourue d'errances et parsemée de destructions, même si elle a débouché sur des réussites appréciables et considérables comme la maîtrise des énergies, l'exploration de l'espace, l'influence sur la génétique, la matière ou la santé.

La seconde piste, davantage centrée sur la prise en considération du réel plutôt que de la réalité, se fonde sur la reconnaissance de ce réel, sur son apprivoisement et, d'une certaine façon, sur la tentative de le maîtriser. Cette forme d'approche a pu prendre parfois aussi en compte l'imaginaire qui tentait de relier les deux démarches. Ce fut la grande fonction des mythes, de l'art et du symbolique.

La rupture avec le symbolique s'est opérée progressivement avant de se confirmer dans la désymbolisation des objets constatée de nos jours. Ce parcours retracé à grands traits comporte deux principales lignes de fracture au cours de l'histoire.

La naissance de la philosophie a contribué à cette rupture dans un premier temps, elle qui a prétendu expliquer le monde en disqualifiant les récits mythiques transmis jusque-là oralement par les diverses religions pour tenter d'expliquer les phénomènes naturels et humains. La naissance de la philosophie a participé à l'instauration d'un mode de penser fondé essentiellement sur l'expérience et la référence à la raison, aux antipodes de la pensée mythique et des pratiques rituelles qui traduisaient la capacité de l'homme de l'époque de se responsabiliser par rapport à son sort.

Une dichotomie s'est installée entre ces deux types de pensées, l'une s'imposant comme plus évoluée que l'autre, parfois encore dédaigneusement appelée de nos jours « pensée primitive ». Le symbolique est devenu la chasse gardée des grandes religions qui se sont emparées de ses outils et de ses pratiques et les ont dévitalisés, en quelque sorte fossilisés.

La deuxième ligne de fracture du symbolique se situe à la fin du Moyen Âge. Jusqu'à cette époque, le symbolique avait sa place dans la vie quotidienne. On pouvait être à la fois « technicien et alchimiste, historien et mythologue, scientifique et mystique », nous rappelle très justement Christiane Singer[1]. Une très belle illustration nous en est donnée par Youssef Chahine dans son film *Le Destin*[2] qui retrace la vie d'Averroès, ce philosophe qui était aussi juge, médecin, et dont les écrits traitaient aussi bien de théologie que de naturalisme et de recettes de cuisine.

Des penseurs tels Descartes ou Montaigne ont contribué à amplifier la séparation entre l'esprit et le corps, et donc au développement du raisonnement logique rationnel qui a conduit à l'impérialisme scientifique et technologique d'aujourd'hui. Mais souvenons-nous, dit encore Christiane Singer, que Descartes était encore imprégné de ces deux mondes et que dans sa nuit d'illumination il promit à la « Vierge Marie un pèlerinage dont il s'acquittera deux ans plus tard ».

LA FONCTION ET LE SENS GÉNÉRAL DU SYMBOLIQUE

Au départ, la fonction du symbolique consistait à voiler les vérités sacrées aux yeux du profane, tout en laissant sourdre des signes visibles codés, sortes de clés pour ceux qui savaient les lire. Ainsi une connaissance essentielle pouvait-elle se transmettre à ceux qui se donnaient

---

1. *In Du bon usage des crises*, éd. Albin Michel, coll. « Espaces Libres », 1997.
2. Paru dans la « Petite Bibliothèque » des *Cahiers du cinéma*, 1997.

les moyens d'une démarche pour y accéder. La connaissance sensible, subtile, voilée fait appel à la médiation du symbolique d'une part dans le rapport de l'homme à la nature, d'autre part pour tenter de représenter l'impalpable, l'inaccessible. Charles Baudelaire a très bien senti cet accord intime qu'il a traduit dans ces vers :

La nature est un temple où de vivants piliers
laissent parfois sortir de confuses paroles.
L'homme y passe à travers des forêts de symboles
qui l'observent avec des regards familiers.

Dans son usage pratique, le *sumbolon* était un signe de reconnaissance pour des personnes qui s'étaient trouvées en présence au temps de leur rencontre ou de leur relation. Quand deux êtres se rencontraient – deux hôtes, deux personnes sur le point de se séparer longtemps par exemple, ou encore un créancier et un débiteur –, ils choisissaient un objet particulier de céramique, de bois ou de métal qu'ils séparaient en deux parties. Chacun en conservait un morceau pour permettre plus tard, en les rapprochant, de reconstituer l'objet initial, faisant ainsi la preuve d'une relation, d'une appartenance, d'un lien d'hospitalité ou d'amitié, ou encore d'un engagement contracté.

Le symbole sépare et met ensemble[1]. Isidore de Séville (v. 570-636) le définit comme « un signe donnant accès à une reconnaissance ». D'un point de vue étymologique, le symbolique, qui témoigne de l'action réunissante, s'oppose au diabolique, qui insiste sur l'action divisante. Le symbolique est aussi relié au mot « symptôme » par la

1. *In Le Dictionnaire des symboles*, Jean Chevalier et Alain Gheerbrant, éd. Robert Laffont, rééd. 1995.

racine *sun* (ensemble), ce qui permet à Marie Balmary[2] de conclure au terme d'une étude détaillée : « Le symptôme apparaît là où le symbole manque » comme si « le symptôme était un sous-symbole, un retour par la voie du hasard de ce qui n'a pu être symbolisé ».

À la différence d'autres objets qui ont une valeur de signe, le symbole est un signifiant, et le sens ou la valeur symbolique attribuée à tel ou tel objet appartient à celui qui le donne ou le reçoit. Ainsi de nombreux signes peuvent-ils prendre un sens spécifique et singulier dans l'histoire d'une personne et dans sa relation au monde. Certains symboles possèdent un sens universel auquel nous sommes reliés à un niveau profond ou archétypal, mais chacun l'entendra plus ou moins en surface, selon ses propres lumières ou aveuglements, lui trouvera ou lui accordera un sens personnel à travers le filtre de ses propres valeurs ou croyances.

Le symbole constituera donc, à partir d'un objet, un signe qui s'inscrira dans un ensemble pour lui donner cohérence et force, en s'appuyant sur une fonction centrale, celle de la réunification intérieure et de la recentration des énergies. Dans son essence même, la démarche de symbolisation, qui consiste à recourir à l'usage de symboles, permet de se relier au sacré, donc au divin qui est à la fois en chacun de nous et tout autour de nous.

POUR UNE RÉHABILITATION DU SYMBOLIQUE

Je m'en tiendrai pour ma part à dénoncer la rupture actuelle avec le symbolique, que ce soit dans les relations sociales ou dans l'éducation.

---

2. *In L'Homme aux statues : Freud ou la faute cachée du père*, éd. Grasset, rééd. 1994.

Au cours du développement du petit de l'homme, la présence du symbolique me paraît vitale et essentielle, car il est pour l'enfant à la base de sa relation au monde. Sans l'aide des symboles et de la symbolisation, l'acquisition des connaissances et la sociabilité sont réduites à des manipulations sensorimotrices et concrètes qui ne dépassent pas les données immédiates et perceptibles du temps, de l'espace et de la causalité. Sans symbolique, la pensée ne peut se détacher de la réalité à laquelle elle adhère, elle n'acquiert pas sa fonction de représentation, c'est-à-dire de « présentation à nouveau », qui caractérise l'accès à la vie intérieure et à la scène de l'imaginaire. Et les comportements ne restent qu'une succession de passages à l'acte non coordonnés ni coordonnables.

J'inviterai chacun à se réconcilier avec le symbolique en m'intéressant tout particulièrement au lien qu'il entretient avec le langage et la communication. Je proposerai d'apprendre à le réintégrer dans la vie quotidienne, en redonnant un sens à des rituels ou en réinventant des pratiques symboliques singulières qui aident à ouvrir plus large, plus profond, l'espace d'échange de chacun avec les autres et avec lui-même.

MON PROPRE CHEMINEMENT

Je suis d'une certaine façon un enfant de la psychanalyse. Éveillé par ses apports, réparé par une cure et d'autres démarches s'y rattachant, nourri de ses concepts, j'ai découvert, comme tout un chacun, avec étonnement, souffrance et inquiétude parfois, l'importance de la vie inconsciente et donc la présence active en moi de cette instance de ma personnalité. J'avais appris et retenu, durant des années, que mon inconscient me parlait avec trois langages privilégiés : les rêves, les actes manqués et les lapsus. Et j'ai ainsi accepté de les écouter, d'établir des ponts, des passerelles entre ma vie consciente – avec sa logique et ses enjeux – et le remue-ménage, les tempêtes et les facéties, devrais-je ajouter, de mon inconscient.

J'ai mis longtemps avant d'entendre que je m'entretenais ainsi dans une relation de dépendance, voire de soumission face à cet inconscient dont la toute-puissance fantasmatique me servait à la fois d'alibi – « c'est mon inconscient qui me joue des tours », me disais-je alors pour me rassurer – et de réservoir plein de ressources inépuisables, alimentant ma fantaisie et mon humour (qui, comme chacun sait, est la politesse la plus raffinée du désespoir).

Cette évolution de ma relation à mon inconscient s'est effectuée en plusieurs étapes ; j'ai finalement compris qu'il valait mieux pactiser avec lui.

Je passai donc tout d'abord d'une représentation d'un inconscient pointé comme un tyran dangereux, menaçant, vu comme un ennemi dont je me méfiais, à celle d'un inconscient perçu comme plus bienveillant, approché comme une sorte d'allié, de guide, d'ami, voire même de conseiller grâce à mes lectures, aux écrits de C. G. Jung et d'autres.

Puis, à près de cinquante ans, j'en vins à découvrir que si j'entretenais une relation avec moi-même j'en entretenais donc une avec mon inconscient. Je réalisai de ce fait que, chaque relation ayant deux extrémités, si mon inconscient pouvait effectivement me « parler », s'adresser à moi avec ses trois langages favoris, je pouvais tout aussi bien m'adresser à lui, donc lui parler, lui envoyer des messages avec les trois langages qui m'appartiennent et qui sont à la disposition de chaque être humain : le langage poétique, les contes et la création artistique, à l'intérieur de laquelle je classe la symbolisation – dans le sens de démarche symbolique active que j'ai donné à ce concept[1]. C'est-à-dire le fait de pouvoir recourir à des actes symboliques personnels délibérés et volontaires, et pas seulement aléatoires ou imprévisibles.

Cette découverte, qui repose sur ce qui peut paraître une évidence, a représenté une véritable révolution relationnelle dans ma vie. Elle s'est révélée d'une fécondité incroyable dans ma relation à mon passé, à mon présent et à mon devenir. Le fait de pouvoir ainsi dialoguer avec mon inconscient m'a libéré de beaucoup de doutes, d'incertitudes et vraisemblablement de pièges dans lesquels je me complaisais parfois.

Par la suite, j'ai découvert que des applications du symbolique introduites dans le domaine de la vie relationnelle et de la communication au quotidien ouvraient un vaste champ de possibles. Un symbole peut être en fait un formidable focalisateur d'énergie. Il peut permettre de se réapproprier des énergies bloquées, enkystées dans les strates de notre histoire ou immobilisées autour de situations inachevées, de blessures anciennes ou dévoyées autour d'illusions et de croyances énergétivores. J'ai eu alors le sentiment de devenir moi-même, dans la globalité de ma personne, plus « énergétigène » – c'est-à-dire, d'une certaine façon, non plus seulement utilisateur mais aussi créateur et dispensateur d'énergie.

VERS UNE APPROPRIATION POSSIBLE POUR CHACUN

Tout travail personnel fondé entre autres sur le recours au symbolique, qui donne accès à une connais-

1. *Cf.* « À propos des symbolisations », *in. Terre du Ciel*, n° 30, juin-juillet 1995.

sance plus intime de nous-même, toute forme d'accouchement que nous avons à revivre à différents niveaux de notre être, s'effectue selon un processus qu'il est possible de décrire comme une spirale ascendante, descendante et centripète. Cette involution/évolution déclenche des peurs, des angoisses et donc de l'insécurité. Plus nous avançons dans cette spirale, plus nous nous éloignons de son axe et plus le risque de s'égarer et de se décentrer augmente.

S'il existe beaucoup de maîtres, de sages, de guides ou d'instructeurs (je préfère ce terme) en matière de spiritualité, il semble que les maîtres, les guides ou les instructeurs en matière de relations humaines soient plus rares. Nombreux sont les chercheurs, les « recherchants » ou les pèlerins en partance, qui, malheureusement pour certains, ont tôt fait, quand ils ont découvert une piste, une vérité ou un ensemble de cohérences, de les prendre pour des vérités définitives et de se transformer en prophètes, voire en ayatollahs de la communication.

La faiblesse et la vulnérabilité, de même que la richesse et la puissance de stimulation, de la recherche en relations humaines viennent de ce qu'elle est essentiellement pragmatique. Elle peut tout de suite s'inscrire – et c'est là son objectif principal, sa vocation première – dans une mise en pratique au quotidien de l'existence. Son efficience ou son opérativité sont directement soumises à l'épreuve de la réalité. C'est, en ce sens, un test redoutable pour certaines approches dont les soubassements ou les développements théoriques nous fascinent, dont les animateurs exercent un puissant ascendant grâce à leur pouvoir de conviction, mais qui soit font l'objet d'une application sur le terrain d'une grande pauvreté, soit contribuent, par la façon dont elles sont récupérées ou par leurs dérives, à la pérennisation d'un système d'échanges qui se révèle de plus en plus antirelationnel.

Dans le souci d'une transmission, toute démarche de formation aux relations humaines s'oriente vers deux directions possibles : d'une part elle peut se réduire à un simple énoncé de constats, de convictions et de croyances à base de témoignages ; d'autre part elle peut ouvrir sur une méthodologie quand elle se confronte à des expériences partageables – non seulement de savoir et de savoir-faire, mais de savoir-être, de savoir-créer et de savoir-devenir –, quand elle se prolonge en propositions, quand elle s'appuie sur une pratique modélisable et qu'elle est susceptible de s'inscrire dans le cadre d'une recherche théorique et d'une réflexion critique mettant à l'épreuve ses outils, ses concepts de base et ses principes fondamentaux.

Le point de référence reste pour moi l'intégration à la fois d'une pratique, d'une éthique et d'un engagement au quotidien de la vie familiale, de couple, dans la scolarité et l'éducation, dans l'univers du travail.

Chacun aura à se confronter à des découvertes et aux résonances ou résistances auxquelles nous renvoie la mise en pratique au quotidien d'une autre façon de communiquer.

Nos âmes ressemblent à ces lieux
d'histoire et de mémoire : en danger
d'être détruits, nous ne voulons
pourtant pas nous exiler !

ASSIA DJEBAR

À propos des synchronicités. Quand le hasard ne peut plus se réfugier dans le hasard des hasards !

Comme toute divinité, le hasard a ses exigences.
Il lui faut des dévotions. Les dévotions au hasard,
c'est être là. À disposition. De permanence.
Tous les sens en batterie, les cinq connus, et les non
reconnus par notre monde infirme. De façon à ne
pas le louper s'il fait la grâce de passer sur la ligne.

CHRISTIANE ROCHEFORT

Chacun de nous a été un jour ou l'autre étonné ou perplexe, touché, réveillé, interpellé ou même confondu par la force d'une coïncidence, par la rencontre surprenante et inattendue, parfois détonante, de deux événements, de deux phénomènes ou deux paroles qui n'auraient pas dû se trouver là ensemble, réunies dans l'improbable du réel.

Carl Gustav Jung a beaucoup réfléchi sur le phénomène des synchronicités qui se manifestent par le surgissement imprévisible ou inopiné de pensées, d'actes, de faits ou d'événements, ou encore par la répétition de situations qui, se situant sur des plans de réalité différents, n'avaient « aucune raison » de se rencontrer ni aucune probabilité statistique d'apparaître à ce moment-là et à cet endroit-là.

Le propre d'une synchronicité c'est de produire un sens ou une énergie nouvelle qui va permettre un changement de regard, susciter une écoute différente, orienter un questionnement, une réflexion ou une recherche dans une direction et révéler, au-delà des apparences, des possibles et des prévisions, des aspects insoupçonnés de l'existence. Maryse Legrand[1] a inventé un terme que je trouve très beau pour nommer ce phénomène habituellement appelé synchronicité : ECLIPSEE.

QU'EST-CE QU'UNE *ECLIPSEE* ?

C'est une sorte de phénomène astronomique à l'échelle de l'esprit humain, qui survient parfois dans l'univers immédiat et tangible de nos vies. C'est un phénomène banal dans le sens de courant, d'habituel, d'ordinaire. Autrement dit un phénomène commun et vraisemblablement plus fréquent, plus présent et possiblement plus opératif dans notre quotidien que ce que nous pouvons ou voulons en percevoir.

« Il était près de midi, je préparais le repas et je me rappellai soudain que le matin, vers huit heures, j'avais entendu le chien aboyer plusieurs fois, sans aucune réaction de ma part. J'attendais, depuis plusieurs jours déjà, un colis important qu'on devait me livrer par express et j'avais pesté toute la matinée contre ce retard. Soudain, en entendant le chien aboyer à nouveau, je fis une association avec les aboiements du matin. Je sortis alors précipitamment et je vis l'employé chargé de me remettre le paquet remonter dans sa voiture. Je ne l'avais pas entendu sonner. Je courais, et tandis que je le rattrapais, il m'expliqua qu'il était déjà venu le matin et que personne n'ayant répondu lorsqu'il avait sonné, il était reparti. Si je n'avais pas prêté attention et relié les deux séries

1. Psychologue clinicienne, co-auteur avec Jacques Salomé de ces réflexions sur les synchronicités.

d'aboiements, j'aurais attendu mon paquet un jour de plus. »

Nous voyons bien, à travers cet exemple, que la remontée du souvenir du matin ouvre les sens à une écoute nouvelle, qui permet d'associer les aboiements avec l'arrivée du colis attendu et l'impérative nécessité de le recevoir.

Ce type de phénomène concerne chacun, semble-t-il, et non une élite d'initiés. Il est possible que certains d'entre nous, sans être pour autant des êtres d'exception, des élus, des privilégiés ou des chanceux, se montrent plus particulièrement conscients et ouverts pour le sentir, le repérer et l'accueillir. On dira d'eux qu'ils ont de l'intuition. Je pense pour ma part qu'ils sont en fait plus sensibles à l'écoute des messages infraverbaux qui circulent de par le monde, parce qu'ils gardent leurs antennes déployées !

Une ECLIPSEE serait donc une « étonnante correspondance lumineuse de notre intention profonde avec le système énergétique environnant ». Elle s'apparente à ce que Jung a décrit sous le terme de synchronicité, ou encore à ce que James Redfield[1], plus récemment, définit comme des coïncidences significatives, mystérieuses, inattendues ou inespérées. Nous proposons aussi le sigle CIRIP pour nommer la « Correspondance Imprévisible de la Réalité avec notre Intention Profonde ».

Tout se passe comme si la manifestation d'une ECLIPSEE procédait en quelque sorte de l'activité d'une antenne du cerveau droit lancée en direction de l'univers proche ou lointain, tel un radar relationnel vigilant en perpétuelle attentivité, prompt à capter l'infime battement

1. James Redfield, *La Prophétie des Andes*, 1994 ; *La Leçon de vie de la prophétie des Andes*, 1995 ; *La Dixième Prophétie de la prophétie des Andes*, 1996, éd. Robert Laffont.

des vibrations remontant du cœur de la vie dans l'ineffable de ses multiples langages. Et cela pour nous permettre de suivre l'appel intérieur de notre transformation vers le meilleur de nous, de rassembler les informations éclairantes nécessaires à notre croissance et à l'accomplissement de notre destinée personnelle en nous introduisant au sens subtil et à l'unité du divin dont nous sommes partie prenante... à part entière.

POUR ÊTRE RÉCEPTIF AUX SYNCHRONICITÉS

Cette réflexion porte sur les conditions d'apparition de ces fastueuses, généreuses ou malheureuses occurrences, susceptibles d'advenir parfois dans nos existences, sur la nature de ces conjonctures imprévisibles qui nous surprennent quand elles se concrétisent. C'est une invitation à mieux entendre le sens, la dynamique et les enjeux de ces analogies miraculeuses, de ces incarnations de l'improbable dans notre quotidien sous la forme d'un accord, d'une bienveillance, d'une générosité, d'une bénédiction ou d'un avertissement qui surgissent parfois providentiellement entre une attente et une réponse de la vie, entre un désir et un cadeau de l'existence... pour peu que nous soyons suffisamment ouverts, libres, disponibles et aptes à en percevoir les ondes et les indices ; pour peu que nous sachions les saisir et les accueillir, les intégrer à notre vécu et les engranger dans notre bagage d'expériences. Une femme raconte :

« Je n'avais pas revu Hélène, une amie très chère, depuis vingt ans, date de la fin de nos études. Un jour, en allant acheter du rouge à lèvres, j'entendis la cliente qui me précédait demander du "Rouge Baiser" ; d'un seul coup, l'image d'Hélène me revint. Adolescentes, nous tirions au sort celle qui oserait demander ce fameux "Rouge Baiser" à la vendeuse, tellement nous étions gênées. Le lendemain de cet achat, je reçus une lettre d'Hélène m'annonçant qu'elle revenait de l'étranger et passait dans ma région. En guise de clin d'œil complice, elle me demandait si j'utilisais toujours le Rouge Baiser, me précisant qu'elle avait changé de coloris, portait maintenant "Or-cuivre" de chez X, exactement la teinte que j'avais choisie et employais depuis quelques jours ! »

Cette succession de coïncidences peut sembler banale et prêter à sourire, elle peut ne susciter qu'un intérêt purement anecdotique rapidement oublié, ou porter à des rationalisations ou des digressions visant à montrer sa futilité. Nous pouvons aussi penser que les synchronicités relevées dans cet exemple montrent la force d'une énergie quand elle est liée à une pensée qui voyage dans l'espace et le temps avec suffisamment de puissance pour marquer de son empreinte la réalité de deux individus séparés depuis fort longtemps.

La personne qui racontait cette histoire nous dira par la suite avec beaucoup d'émotions combien les retrouvailles avec son amie furent importantes dans sa vie : « Grâce à elle, j'ai pu retrouver la trace et l'adresse d'un homme avec lequel j'ai mis fin, depuis, à une situation inachevée qui était restée jusqu'à ce jour douloureuse pour moi. »

Nous n'avons pas toujours accès à l'impulsion de départ, au mini-élément déclencheur qui, soudain, va servir de déclic ou de sésame et ouvrir la porte à une succession d'événements qui à leur tour, comme autant de pièces d'un puzzle éparpillé, vont se rassembler en un tout cohérent et prendre sens.

L'apparition d'une synchronité, d'une ECLIPSEE, tient sans doute d'une heureuse rencontre à la croisée de champs de forces favorables entre le système environnant et notre propre disponibilité. Quand, à un moment donné, nous sommes animés d'une charge vive, il se pourrait que nous puissions constituer un point d'attraction privilégié pour le flux universel et cosmique des énergies en mouvement. Il faut croire que la qualité de notre présence au monde, aux êtres et aux choses y participe, de même, certainement, que la substance dont est pétrie notre intention centrale.

Si notre intention a pu s'affranchir des jugements rationalistes et des velléités volontaristes, si elle est réellement profonde dans le sens de grave, d'intense, d'authentique, alors elle rejoint sûrement des strates où les choses se concentrent et où elles acquièrent ce degré de justesse et de précision qui les oriente naturellement sur l'essentiel. De fait, notre intention profonde est alors pénétrée d'une lucidité et d'une acuité aiguisées, susceptibles de recevoir et sans doute d'envoyer dans l'espace des signaux variés, des stimulations multiples et puissantes par leur densité ou leur pouvoir d'éveil.

« À la recherche d'un logement, je visitai plusieurs appartements. J'en trouvai un où je me sentis particulièrement bien. Je le choisis immédiatement. Six mois plus tard, je découvris que ma grand-mère avait vécu dans ce même appartement lorsqu'elle était petite, en retrouvant à l'intérieur d'un placard son nom gravé sur le bois d'un vantail. »

Notre réceptivité aux signaux infraverbaux, aux messages métamorphiques[1], y est sans doute aussi pour quelque chose. Parvenus à une certaine maturité, nos récepteurs subtils se dotent d'une attention et d'une clairvoyance qui nous invitent à reconnaître, à identifier, à discerner, à capter au vol, parmi la foultitude des sollicitations chargées de nous distraire de notre quête, la pensée opportune, l'image significative, la parole adéquate, l'odeur stimulante ou le clin d'œil porteur de correspondance. Chacun de ces signes s'offre comme un élément relais, vecteur de cette concordance fortuite et mystérieuse qui, fût-ce en modifiant parfois la direction prévue de notre vie, participe à la cohérence de notre être.

Le surgissement inespéré de l'inattendu, le dénouement souhaité d'une situation inextricable, nous entraîne parfois à poser des actes et à favoriser inconsciemment la rencontre synchronisée avec l'impossible.

« J'étais mariée, j'avais un amant et je devais faire preuve d'une incroyable inventivité, d'une énergie et d'une opiniâtreté sans relâche afin de trouver des alibis, des prétextes pour m'absenter, pour pouvoir le rencontrer. À court d'idées, à bout de ressources, j'imaginais un jour qu'une amie d'enfance, Danielle, qui ne m'avait pas donné signe de vie depuis plus de dix-huit ans, m'avait appelée et souhaitait me voir, pour me parler de problèmes personnels avant de partir pour l'étranger. J'avais ainsi, du moins je le croyais un argument en béton pour pouvoir rejoindre mon amant durant deux jours. À mon retour, je fus accueillie fraîchement par mon mari : pendant mon absence, la fameuse Danielle avait justement téléphoné, tenant à me rencontrer d'urgence. Il se trouve que le prénom de mon amant est Daniel, et que le mari de Danielle

1. Voir les travaux de Rupert Sheldrake.

porte le même prénom que mon mari. J'ai vraiment entendu ce jour-là que je m'étais "arrangée" pour que mon mari découvre ma relation tierce. Ce qui venait de se passer et la lecture que j'en fis me donna le courage d'y mettre un terme ! »

C'est souvent par la médiation d'une attitude de lâcher-prise, de vacuité vigilante ou d'énergétisation centrifuge (tournée vers autrui) que nous recevons, interceptons, captons le message qui va nous donner ce sentiment d'une correspondance avec des désirs, des pensées, des aspirations secrètes et silencieuses ; et qu'il advient alors ce qui se peut, tel qu'il se peut, dans l'homme ou la femme que nous sommes.

Colette Victor, qui fut la femme du célèbre explorateur Paul-Émile Victor, rapporte dans son livre[1] que son mari, matérialiste et athée, lui avait annoncé quelque temps avant sa mort : « Je pars dans le vent et probablement dans le néant. Mais si ce néant s'avérait être un trésor, je me battrais contre les puissances des ténèbres pour faire entendre une voix enrichie de cette expérience nouvelle, pour vous dire la promesse que j'aurais arrachée au silence... Afin que vous sachiez qu'après il y a quelque chose, autre chose. » Il avait poursuivi en affirmant avec force : « Si quelque chose existe, je m'arrangerai par tous les moyens pour vous le faire savoir ! »

La Marine nationale lui rendit les honneurs. Au moment où son corps fut jeté à la mer, selon ses volontés, dans le bleu immense du ciel dégagé de toute brume se dessina un nuage évidé en son centre d'une forme de cœur parfait.

1. Colette Victor, *Le Cœur du couple*, éd. Robert Laffont, 1998.

Des années plus tard, Colette Victor garde entière l'émotion soulevée en elle par cette vision, qu'elle reçut comme le signe promis par son mari.

Quand le jeu des possibles est vierge de tout parasitage et de toute contamination, quand le lâcher-prise n'est ni une perte des limites ni un effondrement des repères, quand l'état de vacuité n'est pas un vide troué de manques et que l'investissement vers autrui est véritablement désintéressé, alors nous pouvons goûter ces sensations étonnantes et lumineuses de nous sentir rejoints, comblés et réunifiés par ces mises en correspondances miraculeuses.

Il y a certainement un lien étroit entre synchronicités et fidélités parentales. Comme si nous avions en nous une mémoire plus ancienne, plus profondes que nous souvenirs humains.

« Après mon baccalauréat, je voulais devenir enseignante, mais j'ai fait du travail social pendant vingt ans. En 1996, j'ai pris un poste d'enseignante en gériatrie. Plus tard, deux ans après avoir appris l'existence de mon géniteur (qui n'était pas celui que je croyais être mon père), puis sa mort, j'ai découvert qu'il était professeur de gérontologie. Ce qui me semble incroyable à constater aujourd'hui, ce sont les multiples signes placés sur mon chemin et que je n'avais pas voulu ou pas pu entendre jusque-là. Ainsi, chaque fois que j'évoquais quoi que ce soit de positif sur mon père, donc son mari, ma mère m'avait toujours dit : “Qu'est-ce qui te dit que c'est ton père ?” Je croyais qu'elle était jalouse, qu'elle me posait cette question pour m'embêter, et je répondais chaque fois avec beaucoup de tranquillité : “J'en suis sûre, je suis sa fille préférée...” Je le protégeais et me protégeais par cette affirmation. Depuis, je saisis mieux la façon si chaotique dont j'ai conduit ma vie. J'ai tenté à la fois d'être reconnaissante et fidèle vis-à-vis de celui qui fut un bon père pour moi et en même temps de me relier à mon géniteur inconnu en le retrouvant ainsi et en le rejoignant à quarante-huit ans passés, par un même engagement professionnel. »

Nous avons, semble-t-il, des stocks de souvenirs, d'images, de sensations rassemblés dans une immense bibliothèque dont chaque livre est un chapitre de notre histoire. Nous en ouvrons parfois un et y découvrons un peu plus du sens de notre vie, des éléments de réponses à notre quête.

Les synchronicités nous ouvrent à un ordre particulier du réel. Il ne semble pas qu'un apprentissage classique de la socialisation ou de la communication puisse nous familiariser avec cet ordre de réalité qui ne se laisse pas dompter, seulement apprivoiser. Il n'existe pas vraiment d'espaces ni de temps définis pour des cours ou des formations à ces champs de force qui nous projettent dans l'irrationnel. Pourtant, tout est susceptible d'y être prétexte, occasion, opportunité. Cette initiation relève plus de l'expérience à vivre, de l'état d'être, que du registre de la volonté ou du faire.

L'écoute de soi, la vigilance, les prises de conscience sont quelques-unes des étapes de ce viatique. Il nous appartient de nous exercer à percevoir ces connexions qui suggèrent parfois – n'en déplaise à notre besoin de rationalité – que deux événements peuvent être reliés selon un principe de causalité complexe relevant de forces ou d'énergies supérieures à celles que notre logique formelle peut imaginer, dont les tenants et les aboutissants nous échappent souvent dans un premier temps. Il nous appartient de nous interroger sur le sens des événements de nos vies, de rechercher dans l'après-coup et d'entendre les correspondances qui ont pu survenir dans notre le passé et orienter le cours de notre vie.

« Ma grand-mère maternelle a appris à dix-huit ans que le mari de sa mère, celui qui lui avait été présenté comme son père, n'était pas son géniteur. Ma mère est née hors mariage et l'a découvert à dix-huit ans, en demandant un acte de naissance. Moi-même, je suis née six mois après le retour de mon père de captivité en Allemagne. Le discours officiel prétendait que j'étais née prématurée. C'est à dix-huit ans que j'ai rencontré pour la première fois mon géniteur et que je me suis réconciliée avec mes origines. Ma propre fille, conçue elle aussi hors mariage et qui n'avait jamais connu son géniteur, le rencontra également pour la première fois à dix-huit ans en commençant des études d'architecte, découvrant alors qu'il exerçait ce métier-là ! »

Les événements et les péripéties de nos histoires personnelles constituent un vaste champ d'exploration et d'expérimentation de ce type de phénomène : comme si le quotidien mettait à notre portée et condensait en un lieu accessible les principales informations utiles pour notre maturation ; comme si nous étions appelés à nous occuper enfin, et en temps opportun, de tout ce qui était resté dans l'ombre, le non-dit, le caché, en osant faire un travail de *reliance*[1].

Sans céder à la tentation d'un fatalisme soumis ou à de la passivité face à un destin préétabli, le quotidien peut être un formidable maître pour qui sait accepter de se laisser guider par ses messages, ses signes et ses révéla-

1. J'appelle *reliance* la capacité de rapprocher, de relier entre eux deux ordres de faits ou d'événements qui vont ainsi prendre sens.

tions. Le présent, éclairé par le passé, peut devenir un suprême « enseigneur » pour qui sait apprendre à rester centré et ouvert, ancré et souple, vigilant et disponible aux étonnements, à l'inattendu, à l'inespéré, aux découvertes, aux réjouissances, aux émerveillements auxquels nous convie l'aventure de la vie.

Une ECLIPSEE est si vite arrivée...

Car les choses qui doivent se produire dans le monde
[...] sont mêlées, sans ordre précis,
se frôlant les unes les autres, avec tous
les événements de l'univers, jusqu'à ce qu'elles
arrivent à proximité d'un point d'attraction
où, enfin, elles peuvent s'accomplir.

MARIATERESA DI LASCIA

La parole et les mots

Pendant toute une période de ma vie, je ne disposais pas de mots pour me dire. Je ne savais pas qu'ils existaient, qu'ils étaient quelque part disponibles, à mon service. Je vivais dans l'ignorance de pouvoir les utiliser pour moi. Les mots, comme tant de choses dans le monde qui m'environnait, appartenaient *a priori* aux autres, ils leur étaient réservés. Tout se passait comme si je n'y avais pas accès, comme si je n'avais pas le droit d'y toucher.

DES PAROLES DES AUTRES...

Des paroles, j'en avais tout plein, mais elles n'étaient pas à moi, elles peuplaient des histoires que je racontais. À l'école, pendant les récréations, j'étais intarissable, inventant des feuilletons autour du Cavalier Blanc, un cow-boy invincible, habillé de blanc sur un cheval blanc. Un Robin des bois américain généreux envers les pauvres, juste avec les esseulés, fidèle à l'égard des désespérés de la vie.

J'ai passé mon enfance et traversé ma scolarité primaire, la plus difficile, en racontant des histoires sous le platane centenaire de l'école Lespinasse du quartier Saint-Cyprien, celui des pauvres, un ghetto inondable par les crues prévisibles de la Garonne, à l'époque fleuve boueux, majestueux et impitoyable qui se ramifiait en mille rivières avant de se heurter à Toulouse.

J'étais un enfant asocial, car toute tentative d'échange tournait court. Je répondais aux adultes en les bravant de mon regard indigné et insolent qui tranchait sur le vif : « C'est pas une réponse, ça ! » Je levais la tête et, déjà, ce mouvement et cet aplomb leur paraissaient d'une impertinence et d'une effronterie inacceptables. Ils n'avaient qu'une hâte : faire taire cette morgue.

Je recevais ainsi des messages contradictoires. L'entrée en matière se voulait avenante : « Mais parle, parle donc ! Dis ce que tu as à dire ! », mais le ton trahissait l'impatience, ponctuée aussitôt d'une sentence qui ne faisait que la confirmer : « Bon, tu ne veux rien dire, ça suffit, tais-toi donc ! »

Que de chemins parcourus depuis ! Que de souffrances lâchées, de silences brisés il m'a fallu traverser pour passer du « Tais-toi ! » au « T'es toi quand tu parles ! », avant de m'apercevoir, mais cette découverte ne vint que plus tard, qu'il ne s'agit pas seulement de se taire ou de parler, qu'il ne suffit pas non plus de parler : encore faut-il pouvoir être entendu ! Être entendu, amplifié et relié pour enfin entendre en moi-même ce que je voulais dire.

Car l'important n'est pas de dire, de déposer, de mettre à l'extérieur de soi, mais de pouvoir s'entendre dans le chaos et les labyrinthes des discours intimes, dans les cheminements d'une affirmation difficile avec aussi, chez moi, le besoin intense d'une reconnaissance, d'une identification.

… À UNE PAROLE BALBUTIANTE

C'est ainsi que j'ai commencé à parler de moi en silence, en devenant conteur, puis lecteur. Plongé dans un livre, je ne tarissais pas de répliques, de remarques ou de digressions, empruntant sans vergogne la parole à plusieurs protagonistes. Devenant l'autre.

J'ai traversé mes années d'adolescence en surfant sur des phrases magiques inventées par d'autres que moi.

Dans les relations amoureuses, ce fut terrible ! « Parle-moi, dis-moi quelque chose ! », me demandait-elle, et cette simple invitation me prenait de court, creusait encore plus de vide en moi. Le moindre mot se dérobait, me laissait désemparé, embarrassé d'un silence tumultueux. Je me sentais agressé parce que trop démuni.

À l'âge adulte, le silence devenant plus vaste et plus harcelant, j'ai commencé à écrire. J'ai écrit en premier pour ma mère qui ne savait pas très bien écrire et qui a découvert la lecture dans la deuxième partie de sa vie, au moment de la retraite.

Une légende s'est construite dans ma famille. Ma mère n'avait pas connu sa mère et, depuis tout petit, j'ai rêvé qu'un jour je retrouverais cette femme, qui ne pouvait être qu'une princesse oublieuse de son enfant. J'avais imaginé que je ferais à ma mère le don d'une mère. Je me voyais, rentrant un soir à la maison, en tenant par la main une femme émerveillée et tremblante que je lui aurais présentée : « Maman, voici ta maman... » Je n'ai jamais retrouvé cette femme, mais, les années passant, je me suis inventé une grand-mère mythique grande diseuse de métaphores, de pensées profondes et joyeuses dont je parsemais mes livres, que je citais aussi en conférence, dans les stages que j'animais : « Comme disait ma grand-mère, le difficile dans la recherche de la vérité, c'est que parfois on la trouve ! »

J'ai ainsi donné vie à une part de réalité manquante de ma généalogie et, de cette façon, structuré et renforcé les bases de mon identité, confirmant en même temps une découverte qui se révéla précieuse : quand une situation est figée ou enkystée au niveau de la réalité, il est toujours possible de la débloquer par une démarche symbolique.

Je me suis longtemps nourri de mots : c'est à travers eux que j'ai grandi, aimé, et que je suis devenu plus complet, plus consistant, vivifié et relié enfin à une communauté humaine qui m'acceptait.

Aujourd'hui, au-delà des mots et des paroles, je tente d'entendre les signes, de prolonger l'aventure de l'existence qui fut la mienne jusqu'aux confins de la vie. À l'écoute du sens, c'est l'horizon qui recule, le ciel qui s'agrandit pour donner plus d'espace aux possibles de la rencontre.

Et puis la route est si longue
qui va du nommé dont nous sommes partis,
à l'innommable où nous voulons aller.
C'est pourtant la saison de toutes les éloquences.

MARCEL MOREAU

L'héroïsme au quotidien

L'héroïsme au quotidien se manifeste, comme l'expression l'indique, au jour le jour. Il ne se déploie pas sous forme d'exploits exposés en public, mais se joue prosaïquement, dans des situations multiples et surtout d'une grande banalité, dans des petits riens, sur la base de faits parfois infimes. Il se vit au ras des pâquerettes tant dans la vie familiale, intime, que professionnelle et sociale.

DIFFÉRENTES FORMES D'HÉROÏSME AU QUOTIDIEN

L'héroïsme au quotidien correspond à une certaine façon d'être dans sa vie de tous les jours. Il est une manière de s'opposer aux forces régnantes et rarement repérées ou dénoncées du terrorisme relationnel qui sévit, s'impose et s'incruste sous des formes variées et subtiles ou qui éclate dans ses versions violentes, autant dans les échanges proches, intimes, conjugaux ou parentaux que dans les relations plus élargies, professionnelles ou sociales.

Le terrorisme relationnel est fondé sur la violence du désir de l'autre sur nous, et également sur la violence de ses peurs... qu'il va tenter de nous transmettre, de nous imposer quand il nous laisse croire que ce qu'il fait il le fait pour nous, alors qu'en réalité il le fait bel et bien pour lui. Il est entretenu par la violence du désir sur l'autre que nous laissons se développer en nous.

Il m'arrive souvent de proclamer que les enfants n'ont pas peur des voitures ou des vilains messieurs, mais qu'ils ont peur de la peur que leur père ou leur mère projette sur les voitures ou sur les vilains messieurs. Qu'on ne se méprenne pas sur mon propos cependant : je ne disconviens pas de l'existence du danger réel à traverser la rue en dehors des passages piétons ou à rencontrer la violence du désir de certains messieurs pour les enfants. Je propose simplement d'en parler et d'évoquer les possibles d'une telle rencontre.

Le terrorisme sévit quand quelqu'un veut nous imposer son point de vue, sa façon de voir les choses, sa façon d'être. Quand il cherche à nous rallier à une action dans laquelle nous ne nous reconnaissons pas.

Le terrorisme relationnel puise ses forces dans toutes les ressources – et elles sont inépuisables – de l'affectivité, dans le besoin puissant que nous avons de maintenir les rapports de force à notre avantage par le recours à la culpabilisation, à la dévalorisation ou à la disqualification du point de vue de l'autre.

Il s'appuie sur la mise en doute, sur la non-confiance déclenchée à l'intérieur de nous lorsqu'il est pratiqué à notre encontre ou dans notre direction. Il nous amène à vaciller dans nos propres valeurs, certitudes, croyances même, ou simplement à remettre en question les termes de l'engagement pris. « Est-ce que j'ai vraiment dit cela ? »

Nous en venons à nous demander si c'est bien nous qui avons avancé tel ou tel propos, si nous sommes bien cette personne qui a affirmé : « Mais je te promets que... », ou : « Moi, j'ai dit que... » tellement l'autre va être capable de nous persuader du contraire de ce que nous avons dit ou pensons avoir dit ou fait, tellement il va tenter de nous démontrer, de justifier et de nous convaincre que « nous ne pensions pas vraiment ce que nous disions » !

Il est difficile dans la vie courante de travailler, de vivre ou même simplement d'entrer en relation avec des personnes qui pratiquent ce que j'appelle le « mensonge sincère ». Certaines personnes peuvent être de mauvaise foi avec une sincérité étonnante (et parfois je peux être cette personne !)

Ce qui peut être un signal et nous alerter est le ton de la voix. Quelqu'un vous parle et vous sentez comme un décalage entre ce qu'il énonce et ce qu'il manifeste de son ressenti ou de ses pensées. C'est le cas par exemple dans le film *Le Cercle des poètes disparus*, lors de la scène où le jeune collégien affirme « avoir parlé à son père » alors que nous sentons bien qu'il n'en est rien, qu'il n'a pas osé. Dans une telle situation, le professeur devrait pouvoir dire son ressenti à lui, ce qu'il perçoit ou pressent de la situation, ce qu'il ne s'autorise pas dans le film, laissant ainsi l'adolescent face au malaise et à la solitude de son mensonge.

Quelqu'un s'excusera par exemple sur ce mode : « Je n'ai pas pu venir à ton anniversaire. J'ai cru que c'était mardi soir. » Vous confirmez lui avoir envoyé l'invitation pour le lundi et il insiste : « Ah, vraiment, j'étais persuadé que c'était le mardi ! »

Et vous sentez bien que rien ne sert d'argumenter ou de chercher à lui démontrer que vous avez pourtant bel et bien parlé directement avec lui. Il croit sincèrement, pour sa part, à son mensonge, qui d'ailleurs n'en n'est pas un pour lui. Son affirmation n'a statut de mauvaise foi que pour moi, sur la base de ce que je ressens.

En convenir ne revient pas pour autant à accuser l'autre ou à s'accuser soi-même. Il ne s'agit pas de le renvoyer à sa mauvaise foi, car il est profondément convaincu de ce qu'il avance. Bien sûr, nous avons, chacun d'entre nous, à nous méfier parfois de nos propres certitudes. Nous devons laisser la porte ouverte à la confrontation. Nous devons prendre le risque d'un échange qui contienne en germe une révision ou un réajustement de nos positions. Il ne s'agit pas non plus de développer une forme de méfiance mesquine qui débouche trop souvent sur des conduites persécutrices, mais une attitude de tolérance lucide, vigilante aux dérapages des valeurs, aux perversions des engagements pris, aux trahisons des objectifs et des moyens utilisés ou à la confusion entre désir et projet.

Le terrorisme relationnel pratiqué dans un environnement donné est extrêmement puissant pour nous déséquilibrer, pour nous mettre en porte-à-faux, pour éveiller en nous, d'un seul coup, des doutes sur nos propres comportements, sur nos propres paroles, sur nos engagements.

L'héroïsme au quotidien sera non pas une attitude défensive ou de rejet, mais bien un comportement d'affirmation, de positionnement tranquille. Il s'appuiera sur la capacité de s'affirmer à partir d'un vécu personnel. Il se reconnaîtra dans la possibilité d'accorder confiance à son propre ressenti.

Je crois t'avoir dit cela, je crois avoir pris cette position-là. Je crois m'être engagé pour dix-huit heures et non pour quatorze heures !

L'héroïsme au quotidien, ce sera être capable de me redéfinir, de me repositionner, de réaffirmer mon point de vue avec ma sincérité actuelle sans me laisser entraîner par la définition que l'autre a de moi.

Je peux aussi parfois, en toute bonne conscience, me laisser prendre à mes propres leurres, à mes propres

« mensonges sincères ». À ce moment-là, l'héroïsme au quotidien consistera à constater le conflit interne, de prendre acte du nouveau rapport de force, issu de mes perceptions contradictoires, de reconnaître ma difficulté, d'accepter que je puisse m'être trompé. Ce sera de me rendre compte que j'ai mal évalué la portée de ma décision, que je me suis engagé plus loin que mes possibles, que je suis allé au-delà de mes ressources ou de mes moyens réels.

Il est important de reconnaître et d'accepter que nous sommes parfois piégés par notre propre emballement, notre enthousiasme ou nos désirs, que nous risquons de nous laisser entraîner effectivement, au-delà de nos propres limites ou de nos possibilités réelles.

Reconnaître ainsi, non pas sur le mode de la fuite déresponsabilisante, mais tout à fait humblement, que nous avons outrepassé nos ressources, que notre parole a dépassé notre pensée et oser dire :

C'est vrai, ce n'est pas exactement ce que j'ai voulu dire. Je crois que mes mots ont dépassé ma pensée, mon intention.

Les Anglo-Saxons sont souvent capables de se remettre en question, d'accepter de changer leur affirmation quand ils découvrent qu'elle n'est pas fondée. Ils sont facilement enclins à pouvoir redéfinir un positionnement nouveau, une attitude différente.

Une telle attitude est visiblement plus difficile à adopter en France, pays où les rapports de forces sont majorés par une agressivité latente qui cherche à s'exprimer non pas face à l'autre mais contre l'autre. Elle est plus difficile également pour certaines personnalités campées sur leurs positions et leurs certitudes, ceux pour qui il est quasiment impossible d'admettre qu'ils ont pu se tromper ; pour ceux, en fait, qui ont besoin de reporter leur responsabilité sur autrui, afin de garder un minimum de consistance, ne serait-ce que dans l'apparence.

L'héroïsme au quotidien se manifeste à travers deux positions relationnelles extrêmement simples et pourtant souvent difficiles à tenir. La première position, c'est le risque de dire *oui*. La seconde position, c'est d'oser parfois dire *non*.

Toute relation saine se structurera autour de ces deux positions relationnelles :

- prendre le risque de dire oui, de s'engager, c'est-à-dire d'aller plus loin ;
- prendre au contraire le risque de refuser, non pas dans une position d'opposition à l'autre, mais bien dans une position d'affirmation.

Dans une communication vivante, nombreuses sont les situations où l'héroïsme au quotidien aura place. Ces actes et ces positionnements solliciteront beaucoup d'énergies, mais le respect de soi et de l'autre nous permettra d'aller plus loin.

L'héroïsme au quotidien ne consiste pas à dénoncer ou à s'indigner, mais à témoigner de l'insupportable, à dire l'inacceptable, à sortir des mille tentations pour les petites lâchetés vers lesquelles, malgré nous, par confort ou par passivité, nous sommes trop souvent entraînés.

Ne rien dire, ne rien faire équivaut parfois à cautionner la bêtise, la méchanceté ou la violence. Se taire, c'est laisser plus d'espace, même si nous ne l'approuvons pas, à la facilité et à la médiocrité trop souvent triomphantes.

L'héroïsme au quotidien, c'est se confirmer dans le respect de soi, c'est se rejoindre au niveau des fidélités les plus profondes, pour des engagements essentiels.

L'héroïsme au quotidien ne suppose pas toujours du courage, mais demande vigilance, lucidité et, surtout, cohérence. Beaucoup d'entre nous ne disposent plus, pour témoigner, que de la force et de la fragilité de leur parole, de la garantie de leur regard, de l'éclat d'une croyance ou simplement de la rectitude d'un positionnement clair et juste.

Nous vivons dans un monde où les certitudes se dérobent, où les vérités se télescopent, s'annulent ou se brisent plus vite que notre capacité à les interroger, à les critiquer, à les intégrer, à les développer ou à les prolonger.

L'héroïsme au quotidien nous renvoie à une écoute libre. Il devient notre regard offert. Il s'incarne dans une parole qui ose se dire, quand bien même elle dérange, qu'elle paraît déraisonnable face à des habitudes prises, face à un consensus hypocrite de circonstance.

L'héroïsme au quotidien déclenche des violences contre celui qui le pratique. Le héros lambda le plus ordinairement banal prend le risque d'être vu comme atypique, original, anormal ou fou. Il suscite un tollé, est l'objet de jugement et rejet, il est un véritable écran pour des projections négatives.

L'héroïsme au quotidien ne consiste pas à se nier, à se sacrifier ou même à se mouler dans des compromis, car le compromis frôle trop souvent la compromission dans le domaine des engagements vitaux ou des questions fondamentales. Au contraire, l'héroïsme consiste à se définir, à se signifier dans sa différence, dans son unicité, à être un témoin.

Quand j'étais enfant, je faisais souvent un rêve éveillé qui par la suite s'est répété des centaines de fois. Dans ce rêve, j'étais un héros inconnu qui n'hésitait pas à sauter, en plein hiver, dans une rivière glacée pour sauver une femme et son enfant en train de se noyer. Dans une variante de ce rêve, je bravais les flammes d'un incendie gigantesque pour retirer de l'enfer deux, trois, parfois quatre enfants qui auraient péri sans mon arrivée miraculeuse, sans mon courage exceptionnel ! J'ai vécu ainsi, toutes les années de ma jeunesse, les aventures d'un héros méconnu, l'intransigeance sans faille d'un chevalier au cœur pur, égaré dans une époque de violence, de mensonges et de chaos.

En grandissant, j'ai dû garder quelques séquelles de ces aspirations à l'héroïsme. Elles se sont, semble-t-il, déplacées dans mes choix professionnels, dans mes engagements sociaux, dans le militantisme pour un monde plus juste, plus humain, dans la participation à des activités d'aide, de réparation et de soutien à l'égard des plus déshérités. Parfois, elles se sont révélées en contradiction flagrante avec mes propres besoins, mes aspirations les plus profondes. D'où, sur l'automne de ma vie, quelques réajustements douloureux.

C'est plus tard, en effet, que j'ai compris combien vivre la vie au quotidien suppose d'héroïsme, de courage et de risques pour rester fidèle à soi-même, à ses engagements ou, plus simplement, pour tenter d'être congruent, c'est-à-dire maintenir un accord entre ce que je sens et ce que je vis, entre ce que je dis et ce que je fais.

Comme beaucoup de héros qui s'ignorent, chacun d'entre nous peut être confronté à des choix difficiles dans les situations les plus banales, les plus dérisoires ou les plus dramatiques de sa vie.

DÉBOIRES ET POSITIONNEMENTS DES HÉROS DU QUOTIDIEN

Il m'est parfois arrivé de douter de mon degré de normalité, de penser que décidément j'étais trop exigeant, trop intransigeant, trop pénible à vivre dans mes relations proches, que j'aurais dû faire preuve de plus de patience, de bienveillance ou de compréhension face à ce qui me paraissait si inacceptable, et si dérisoire à la fois, qu'il aurait été tellement plus simple... de laisser courir ou tomber. Il est vrai que le difficile se joue au quotidien des jours, dans une multitude d'actes qui sont chaque fois à préciser, à baliser, pour échapper à la routine du facile, de l'à-peu-près du : « On verra toujours, on verra bien... », de : « Bon, c'est comme ça ! »

Non, rien n'est comme ça, rien ne va de soi. Il nous appartient de nous opposer à la pesanteur de l'évidence, de résister aux lois universelles de la gravitation vers la facilité du moindre effort.

Le plus difficile, c'est encore de ne pas se laisser entraîner par la pression de l'entourage proche, qui approuve, laisse faire, confirme les dominances acquises d'un système relationnel. Ne comptez jamais sur la compréhension d'autrui en matière de changement : « De toute façon, vous savez, on n'y peut rien changer, ils sont comme ça depuis toujours. »

Un médecin m'avait donné rendez-vous à dix-huit heures et m'avait reçu et ausculté à dix-neuf heures quarante-cinq. À l'époque, au moment de régler, j'ai osé lui dire :

« Habituellement, je suis payé cinquante-cinq francs de l'heure, aussi je vous règle la différence entre les quatre-vingt-cinq francs qui correspondent au montant de vos honoraires et les cinquante-cinq francs qui représentent l'équivalent d'une heure du temps que j'ai perdu à vous attendre puisque nous étions convenus de ce rendez-vous, ce qui signifie à mes yeux que vous vous étiez engagé à me recevoir, et moi à me libérer pour cette heure. Je conçois que vous ne puissiez pas être disponible à la minute près, mais une heure trois quarts me paraît excessif, sinon abusif. Ce délai dépasse en tout cas largement un retard excusable à mes yeux. Si j'accepte le principe que vous puissiez gagner votre vie avec ma souffrance, je ne tolère pas pour autant que vous puissiez la gagner avec le temps de ma vie. »

Nous étions très pâles l'un et l'autre, et moi peut-être plus mal à l'aise que lui devant cette nouvelle affirmation de moi. Mais il était important pour moi de signifier que mon temps est respectable, qu'il a de la valeur, qu'il est reconnu. C'était donc bien à moi de le faire respecter et de ne laisser à personne d'autre le droit d'en disposer. Car c'est à moi de me donner les moyens de faire respecter ce que je considère comme précieux si c'est véritablement le cas.

S'affirmer – c'est-à-dire se définir, se positionner, clarifier sa place, son rôle, sa participation, ses moyens, ses possibles ou ses limites dans une situation d'échanges face à quelqu'un – m'a toujours paru un des actes les plus nécessaires, les plus salutaires et les plus essentiels, mais aussi les plus difficiles et les plus angoissants car soumis à de multiples interrogations pernicieuse dont la plus courante est certainement : « Ai-je le droit de dire cela ? N'a-t-il pas raison ? »

Ce type de question est très sournois et pernicieux, car il déplace l'enjeu sur un terrain périphérique qui n'a rien à voir avec l'enjeu central relatif à l'affirmation de soi.

Par définition, la capacité potentielle de s'affirmer réside en chacun et chacun est seul juge en la matière, chacun est le seul à pouvoir en décider.

En aucun cas il ne s'agit de droit. Ou alors, si l'on imaginait une déclaration des droits et des devoirs de l'être relationnel, pourrait-on y voir tout au plus une sorte de devoir, dans le sens d'une nécessité vitale pour accéder à l'existence. Puis-je rappeler que « exister » veut dire « sortir de » ? Exister sur le plan relationnel, ce sera sortir de la définition de vous-même que l'autre tente de vous imposer, subtilement et avec parfois beaucoup... d'amour ou d'intérêt.

« Je sais que je peux compter sur toi pendant que je serai absente, j'espère que je ne serai pas déçue... »

« Tu sais bien qu'avec ta santé, il serait préférable de faire un métier calme et stable. Tu devrais passer les concours de l'administration, là au moins tu auras droit à une retraite assurée... »

« Vous devriez songer à vos enfants et prendre des garanties. Exigez de votre partenaire qu'il les reconnaisse ! »

« Suis-je une mère indigne de ne pas forcer cette reconnaissance ? »

« Suis-je inconscient quand, dans une grande surface de ma ville, je découvre des packs de yaourts périmés depuis dix jours et que je les retire du rayon pour éviter que d'autres ne se trompent, alors que le chef de rayon intervient brusquement et me dit d'une voix de plus en plus violente : "Laissez ça tranquille, remettez ces yaourts à leur place" ? J'enlevais les yaourts... qu'il s'empressait de remettre en rayon. J'ai été sauvé par l'intervention du responsable qui a prononcé ces paroles magiques : "Surtout pas d'esclandre, enlevez-moi ces yaourts du rayon !" »

« Suis-je anormal quand je décide d'organiser le concours du "client Peugeot le plus malchanceux" que j'ai doté d'un prix de dix mille francs, alors que je ne parvenais pas à faire valoir mon droit auprès du concessionnaire local... d'avoir simplement un véhicule en état de marche au sixième mois de garantie et non un gouffre à réparations qui en doublait quasiment le prix d'achat ? »

« Suis-je naïf, infantile ou inconscient quand je prends le risque d'un procès avec un organisateur de conférences pour avoir dénoncé un engagement non tenu à propos d'une somme dépassée de quinze francs sur le prix maximum des places que nous étions convenus de demander au public ? »

Que d'énergie à mobiliser, que de cohérence et de constance à garder pour maintenir le respect de soi, arrêter de se laisser définir par l'autre, s'affirmer dans sa différence et maintenir son intégrité !

À tous les héros méconnus du quotidien, je dédie ce chapitre non comme une médaille posthume, mais comme la base d'une charte de vie.

Autant de minuscules victoires sur l'ignorance,
le flou, l'hostile silence du monde.

NANCY HUSTON

Les risques et les obstacles au changement personnel

Toute démarche de changement personnel inclut des risques, en particulier celui de déstabiliser des positions d'équilibre ou d'homéostasie[1] acquises dans le domaine des relations proches – conjugales, familiales ou professionnelles. L'insécurité déclenchée par un nouveau regard, des conduites inhabituelles, une autre façon d'être susciteront, au-delà des premiers étonnements parfois ahuris, inquiétude, méfiance et désarroi. Avec des réactions qui pourront se révéler excessives et blessantes, du genre : « Tu es devenue folle... Tu t'es laissée embobiner... Tu dois être dans une secte... Tu ne sais plus ce que tu dis... »

Avec la mise en œuvre, dans l'entourage familier, de toute une série d'attitudes, de propos, de menaces, de reproches ou de pressions qui viseront à dissuader celui qui s'avise de vouloir changer. Toutes les forces et les efforts seront mobilisés par les proches, pour tenter de retrouver, vaille que vaille, l'équilibre installé avant la crise introduite par ces velléités de changement, un équilibre perçu jusque-là comme satisfaisant ou du moins sécurisant. Ainsi toute démarche de changement dans le domaine des relations humaines va-t-elle réactiver une recrudescence de comportements et de conduites antirela-

1. En physiologie, l'homéostasie désigne la stabilisation, chez les organismes vivants, des différentes constantes de base. Le terme est passé dans le vocabulaire de la théorie des systèmes.

tionnelles chez ceux qui prétendent nous aimer ou nous porter de l'intérêt.

CONDUITES ANTIRELATIONNELLES

J'appelle conduites antirelationnelles de base celles par lesquelles nous tentons de définir l'autre dans l'espoir qu'il corresponde à ce que nous voudrions qu'il soit.

En voici quelques-unes dont l'efficacité est garantie pour chercher à influencer l'autre ou pour l'attirer dans notre désir.

La pratique de la relation klaxon

Elle consiste à parler sur l'autre et non à l'autre : « Tu devrais penser à moi, plutôt qu'à toi. »

Poser des jugements de valeur sur la personne

Cette attitude permet de maintenir à distance le retentissement et l'implication personnelle de celui qui parle : « Tu es vraiment égoïste, tu n'as aucune conscience morale... »

« Tu devrais te faire soigner, ma pauvre fille ! », peut dire un père à qui son enfant devenue adulte annonce :

Je te rends dans cette petite boîte (démarche de symbolisation) toutes les violences que j'ai reçues de toi quand j'étais petite !

Ou encore :

« Comment ! Tu décides soudain de te respecter, après quinze ans de mariage, en voulant divorcer ! C'est nouveau ! On ne divorce pas quand on a des enfants. On fait des concessions, des compromis. On ne se contente pas d'obéir à son propre petit confort intime. Regarde, moi, avec ton père ! Est-ce que je serais encore avec lui après trente-cinq ans de mariage si je n'avais pas fait d'efforts ? Je t'ai toujours trouvée égocentrique, mais à ce point, jamais ! Tu me déçois vraiment ! »

Culpabilisation

C'est bien une conduite antirelationnelle aussi, que celle qui vise à déclencher et à entretenir la culpabilisation, la mauvaise conscience chez l'autre : « Depuis que tu as commencé cette formation, tu n'es plus la même ! Ta mère s'inquiète, elle ne dort plus la nuit, son hypertension a recommencé et le médecin a bien insisté et rappelé qu'il fallait lui épargner tout choc émotionnel, ne pas la contrarier. Tu pourrais quand même faire un petit effort en venant plus souvent nous voir, plutôt que d'occuper tes week-ends à ces stages pour soi-disant améliorer les relations humaines ! Quand on voit ce que tu deviens, on se demande ce qui te pousse à perdre ton temps et ton argent ! »

MENACES ET PRESSIONS DIVERSES

Il y a aussi toutes les conduites antirelationnelles porteuses de menaces, de rejets, de pressions diverses mises en œuvre pour entraîner une marginalisation ou une isolation :

« Quand j'ai osé dire mon enthousiasme pour le film *Sur la route de Madison* de Clint Eastwood, mon partenaire s'est écrié : "Oui, tu vas voir un film qui fait l'apologie de l'adultère et montre une femme de cinquante ans amoureuse d'un homme de son âge ! Tu aimes ça, et tu veux me faire croire que c'est un modèle de vie conjugale parce qu'elle est finalement restée avec son mari !" J'ai tenté de lui préciser combien j'avais été touchée par cet amour reflété avec un talent inouï par Meryl Streep dans un film plein d'humanité. Combien cette passion avait été un révélateur et un catalyseur, susceptible, près de vingt ans plus tard, de bouleverser et de modifier le regard sur la vie des deux enfants de l'héroïne une fois devenus adultes... Rien n'y fit. Je me sentais presque coupable d'aimer un film aussi merveilleux, mauvaise femme de proposer à mon mari de le revoir avec lui ! »

Risque de marginalisation et de rejet

Cette réaction est fréquente chez un proche ou dans un entourage qui ne veut pas se remettre en question, qui n'accepte pas de s'interroger sur ce qui retentit en lui et qui est tenté de désigner l'autre comme « mauvais »... Il est vrai que, face à l'autre, il est difficile de se demander face au changement de l'autre :

Qu'est-ce qui est si touché en moi, si bousculé par le point de vue, le désir ou les nouvelles attitudes de mon partenaire à mon égard ?

Il y a aussi tous les réajustements et les réaménagements à envisager face à la nouveauté, à l'inattendu :

« Quand mon mari est revenu d'un séminaire sur le thème des relations parents-enfants, je ne le reconnaissais plus. Il manifestait de tels gestes de tendresse, montrait une attention si nouvelle, une disponibilité si peu habituelle que je m'en suis inquiétée. J'ai pensé qu'il était tombé amoureux de l'animatrice. Il en parlait avec une telle fougue que je me suis bloquée. En fin de soirée, je lui ai lancé méchamment : "Tu n'as qu'à retourner auprès d'elle, puisqu'elle comprend si bien les enfants qui ne sont pas les siens, *elle* !" »

Risques de violences psychiques

Parfois, la zone de réactivité qui est atteinte chez la personne la plus proche, ou chez un être cher, par le changement ou l'éveil de celui qui a commencé une thérapie ou une formation aux relations humaines est si sensible ou vulnérable, tellement ébranlée et traversée de résonances archaïques que le seuil d'intolérance éclate, déclenchant certains passages à l'acte : violences verbales, physiques, restrictions d'autonomie, contraintes répressives sur l'argent, sur la liberté de déplacement, contrôles obsessionnels sur des actes anodins, des faits bénins, sur des paroles interprétées, la correspondance ou le téléphone.

Aujourd'hui, ce sont plutôt les femmes qui changent, qui osent explorer – avec appréhension, mais aussi avec vitalité, lucidité, liberté, enthousiasme et gaieté – leurs possibles. Elles tentent de sortir d'un système relationnel pernicieux et pervers, à base de contrôle et de mise en dépendance, entretenu depuis des siècles par toutes les grandes structures sociales et culturelles. Un système dans lequel l'un – surtout quand il est détenteur d'un pouvoir, d'une puissance, d'un moyen de pression – tente de définir... l'autre.

Dans le domaine des relations humaines, les adultes ne se contentent pas d'avoir des désirs vers leurs enfants (« J'ai vraiment le désir que tu poursuives l'apprentissage du piano... »), ils entretiennent, en toute légalité et en toute bonne foi, un des désirs les plus terroristes et les plus violents qui soient dans son impact – un désir sur le désir de l'autre :

« Je voudrais que tu aimes jouer du piano ! »

« J'aimerais une fois pour toutes que tu aimes ta petite sœur et la soupe aux carottes ! »

« Je veux que tu arrêtes de fréquenter cette fille, elle n'est pas de notre milieu. Tu ferais bien mieux de sortir plus souvent avec Marie-Thérèse qui elle au moins a reçu une bonne éducation ! »

Ce désir trop souvent impérialiste sur l'autre, nous le retrouvons légitimé dans beaucoup de relations de couple :

« Non seulement j'ai du désir pour toi, mais j'ai aussi le désir que tu en aies (spontanément) pour moi ! »

« J'ai le désir d'aller au cinéma et celui que tu m'accompagnes ! D'ailleurs, ça fait bien quinze jours que nous ne sommes pas sortis ! »

La certitude évidente, nourrie de cette sincérité à toute épreuve que nous savons mieux que l'autre ce qui est bon pour lui, nous conduit à penser à sa place et à décider en toute bonne foi... pour lui !

Ces croyances tiennent lieu d'alibi à de nombreuses justifications selon lesquelles, si nous aimons quelqu'un, nous sommes autorisés et même tenus de lui éviter de s'égarer, de se faire du mal s'il venait à s'engager dans ce qui nous semble mauvais ou néfaste pour lui !

« Je sais que tu as tort de quitter l'enseignement, tu le regretteras un jour. Tu ne peux pas comme ça abandonner ta carrière pour te consacrer à la méditation et au yoga ! »

« Tout cet argent perdu, gaspillé qui ne sert qu'à enrichir ton psychanalyste. Il doit bien rire, lui, de te voir trois fois par semaine pour lui parler quelques minutes seulement... Je suis sûr qu'il ne t'écoute même pas ! »

L'entourage proche est prêt à peser de tout son poids d'affection, d'amour ou de bonne volonté pour empêcher l'être aimé de se fourvoyer dans une orientation qui, même si elle lui semble en cohérence avec ce qu'il est devenu, avec ce qu'il sent en lui, s'avère inacceptable à ceux qui prétendent « savoir toutes ces choses depuis longtemps », « ne pas se faire avoir ! » et, surtout, « ne pas en avoir besoin ! »

La répression imaginaire peut être terrible. Elle va se déverser, subtile ou violente, à l'encontre de celui qui envisage un autre parcours de vie, qui se montre prêt à renoncer à un chemin trop routinier, à s'engager dans l'inconnu du changement. Tout se passe comme si le spectre de l'inacceptable pointait sa menace à la seule idée ou perspective que l'autre puisse devenir plus épanoui, plus vivant, plus heureux !

Bien sûr, il existe toujours la peur sincère, parfois justifiée et légitime, de l'entourage qui craint le décervelage, la mainmise d'une secte, l'emprise d'un gourou sur l'ami, l'enfant, le proche ou le partenaire aimé.

La vigilance de l'entourage proche, si elle doit rester ferme, concrète et active, doit pouvoir s'ouvrir en même temps sur la confrontation, l'échange et le partage.

Cette vigilance de la famille ou de l'entourage, sertie d'amour et de bonnes intentions, reste quelquefois difficile et délicate à mettre en œuvre dans le respect de celui ou de celle qu'elle prétend protéger. Quand cette vigilance tourne à l'intrusion ou à la violation de l'intimité, elle risque de provoquer de nombreux dégâts relationnels.

Car tout changement dans les relations humaines ne s'appuie pas uniquement sur un nouveau savoir ou un nouveau savoir-faire, mais passe bien sûr par l'expérience intime d'un nouveau savoir-être et savoir-devenir. Expérience et cheminement douloureux, chaotiques, semés de doutes et d'enthousiasmes pour accéder à une nouvelle naissance.

L'engouement excessif de certains « éveillés » au changement, à des découvertes qui les émerveillent et les stimulent, est mal perçu, mal toléré par les proches qui ne voient là que feu de paille et tentative un peu trop zélée de conversion prosélyte fort mal venue.

La peur du changement habite bien chacun de nous. Elle est autant chez celui qui change que chez celui qui se sent menacé par le changement.

Chez celui qui change, le besoin d'être approuvé, confirmé, reste à l'affût. La peur d'être rejeté ou non aimé demeure toujours présente et vivace, mais le désir de convaincre du bien-fondé de sa démarche constitue le plus souvent une entrave sérieuse au partage et à l'écoute d'autrui.

Chez celui qui s'accroche à ses croyances, à ses modes de vie, à ses habitudes, la peur la plus coriace et la plus profonde est celle de risquer de découvrir la vacuité, la vanité (dans le sens de vain) ou les incohérences de sa propre existence.

S'apercevoir que nous sommes passés à côté de l'essentiel, de l'extraordinaire ou de quelques moments de bonheur à travers toute une vie de dévouement, de travail, de sacrifices ou de mal-être est un risque insoutenable que peu de personnes se montrent prêtes à envisager et à vivre.

Le changement de l'autre, quand il me renvoie à mon propre non-changement, me paraît inacceptable.

Ainsi peut s'expliquer la montée brutale de certaines violences verbales et même physiques :

« Mon mari ne supportait plus mes études et, au-delà, les rencontres et les relations dans lesquelles je m'engageais avec enthousiasme. Le matin d'un examen capital, il m'enleva mes papiers et les clés de la voiture, imaginant peut-être que je ne pourrais me déplacer. J'étais ahurie, époustouflée par l'incongruité de son geste, en le voyant, digne, sérieux, épouvantablement sincère, et en l'entendant proférer, en barrant la porte, des mots d'un autre temps, d'une autre époque : “Je t'interdis de sortir. Tes études, à partir d'aujourd'hui, c'est fini !” Je me suis enfermée dans ma chambre, puis j'ai décidé de sortir quand même. En passant par la fenêtre, j'ai déchiré ma robe. J'ai pleuré tout le long du parcours en taxi vers la fac... Quelque chose d'ancien se brisait en moi, et en même temps une force nouvelle se forgeait. C'était ma relation avec lui qui se déchirait sans fin, sans espoir ! Ce fut une crise pénible qui menaça de nous séparer définitivement. Des années plus tard, il a pu m'avouer combien il s'était haï d'avoir commis ce geste. Il reconnaissait qu'il n'avait pourtant pas su s'en empêcher et qu'il m'aurait frappée si j'avais essayé de franchir la porte qu'il barrait de son corps... »

L'APPROPRIATION DES SENTIMENTS

Une autre conduite antirelationnelle, plus subtile, nous est opposée quand l'autre tente de s'approprier nos sentiments ou, à l'inverse, quand nous nous approprions les sentiments d'autrui :

« Je croyais mon mari si malheureux, si déçu quand je n'entrais pas dans son désir, que je renonçais au mien pour diminuer sa peine. »

« Quand ma mère m'a confié la panique de ma femme, qui s'était ouverte à elle en s'indignant : “Il ne va quand même pas s'absenter un week-end par mois pour cette formation en sophrologie !", j'ai annulé mon inscription. Devant sa réaction, j'ai renoncé à lui faire ce que je croyais être de la peine. Il m'a fallu ensuite deux ans pour retrouver le courage ou la force de persévérer dans ce projet qui restait important pour moi. »

En nous appropriant la souffrance manifestée par l'autre, en prenant sur nous ses peurs, sa peine ou son désarroi, nous laissons s'écouler nos ressources en une hémorragie, nous consentons encore plus à laisser fuir nos énergies.

Oser se définir, s'affirmer, se respecter ne va pas sans risques et conflits dans les premiers temps de la démarche.

Oser se positionner en congruence directe et en accord avec un ressenti profond suppose qu'on accepte le risque de se différencier, de sortir de la symbiose, d'ouvrir un conflit s'il s'avère nécessaire.

Ne pas être approuvé, soutenu, être au contraire disqualifié et rejeté s'avèrent les risques majeurs de toute démarche de changement, avec, au-delà de ces aléas, dans une deuxième phase, l'espoir d'accéder à un mieux-être nourri et stimulé par des relations plus vivifiantes et créatives avec nos proches.

Est-ce qu'il ne faut pas être rejeté
pour devenir soi-même ?

HENRI BAUCHAU

La méthode ESPERE comme cadre de référence pour un changement concret possible

Prendre conscience que nous vivons dans un système relationnel qui, la plupart du temps, privilégie le registre fonctionnel et utilitaire des échanges et prône la dimension idéologique sous-jacente des relations[1], au détriment des dimensions interpersonnelles et intrapersonnelles, nous amène à découvrir que nous vivons essentiellement dans des réseaux où domine la communication de consommation fondée sur la circulation de l'information, au détriment des registres – moins manifestes mais pourtant plus essentiels – qui délimitent le champ de la communication relationnelle.

J'appelle communication relationnelle celle qui se nourrirait de la capacité réelle de mettre en commun des différences et des complémentarités, qui s'appuierait sur la possibilité délibérée d'oser des confrontations lucides à base de positionnements clairs en vue d'un meilleur épanouissement de chacun des protagonistes d'un échange.

LE SYSTÈME *SAPPE*

Le système SAPPE[2] se reconnaît à cinq pratiques dominantes dans nos habitudes de communication au quotidien :

1. À base de croyances et de mythologies qui se révèlent, à l'usage, contraignantes et peu opérantes.
2. S comme sourd, A comme aveugle, P comme pervers, P comme pernicieux, E comme énergétivore.

- l'injonction,
- la dévalorisation ou la disqualification,
- la menace ou le chantage,
- la culpabilisation ou le refus de responsabilisation,
- le maintien des rapports de forces, dominant/dominé.

En acceptant de ne plus collaborer au système SAPPE, il nous appartient de développer plusieurs types de responsabilités :

- Responsabilité de conscience, qui consiste à repérer mon propre fonctionnement face au système SAPPE ambiant et se poursuivra par une responsabilité d'engagement.
- Responsabilité d'engagement, qui consiste à ne plus entretenir ce système dans ma façon d'être et de communiquer avec autrui.
- Responsabilité d'action, qui se structurera autour de ma capacité à pratiquer et à transmettre une autre façon de communiquer à partir de la méthode ESPERE[1].

PRINCIPES DE BASE DE LA MÉTHODE *ESPERE*

L'approche relationnelle que j'ai initialisée sous le sigle ESPERE s'appuie sur des concepts, des outils et des règles d'hygiène relationnelle qui permettent de s'engager plus avant dans ces différentes responsabilités en s'appuyant, au-delà des intentions louables et de la bonne volonté, sur des moyens opérationnels pour déboucher sur une éthique de vie privilégiant le respect de chacun. Le passage vers une responsabilité d'action et une responsa-

1. « Énergie Spécifique Pour une Écologie Relationnelle Essentielle.

bilité de transmission s'opérera en vérifiant sa propre capacité d'intégration des principes de base de la méthode, et en testant sa compétence à s'adapter aux situations et à réagir face aux difficultés, aux limites et aux résistances rencontrées dans l'entourage proche lors de l'utilisation de ses repères.

Passer d'un système relationnel qui nous a conditionné durant des années, qui imbibe tous les échanges et structure les grands réseaux de l'éducation et du domaine social au sens large (santé, justice, économie) paraît, et se révèle dans un premier temps, une tâche insensée, titanesque. Car la mise en pratique de nouvelles références relationnelles va déclencher l'incompréhension de tout l'entourage immédiat. Une forme d'intolérance qui risque de se manifester par des rejets, des agressions, des attitudes de dénigrement ou, plus simplement, par des marginalisations et des récupérations qui banalisent les spécificités et l'originalité de la méthode ESPERE et étouffent les possibles d'un changement en l'assimilant à des pratiques ou des références connues.

Au départ, toutes les conditions sont réunies pour que le changement individuel reste circonscrit et isolé, pour qu'il ne puisse pas influencer les structures existantes.

Le changement individuel obéit à une aspiration qui nous entraîne hors de nous-même, de nos schémas habituels. Le changement institutionnel résulte d'une pression ou d'un changement dans les rapports de forces établis.

Ce qui pousse au changement personnel, c'est avant tout la souffrance, le malaise, l'insatisfaction vis-à-vis de nous-même. Les démarches sont amorcées après une crise personnelle, conjugale ou familiale, après une rupture ou une perte, une séparation. Des énergies jusque-là bloquées se libèrent et deviennent plus disponibles pour plus de vie.

Le changement institutionnel, lui, semble obéir à d'autres enjeux ou d'autres dynamiques. Il peut être amorcé ou engendré par un déplacement ou des modifications dans la dynamique des rapports de force au sein même des fonctions ou des postes clés de l'institution, par un changement idéologique, un scandale qui révèle la disparité trop grande entre des finalités et des pratiques ou « le décalage entre les vertus professées et les pratiques réelles[1] ».

Le changement institutionnel se réalise rarement du fait de la recherche d'une meilleure adéquation entre les ressources de l'institution et celles de ses administrés. Les institutions sécrètent des pathologies qui dévoient les ressources, entraînent des incohérences entre les moyens utilisés et les buts poursuivis ou affichés, et participent à rigidifier l'ensemble de la structure.

L'introduction d'une approche telle que la méthode ESPERE va se heurter à des résistances et à des rejets massifs au niveau institutionnel, même si des individus peuvent y adhérer à titre personnel.

Le tableau et le texte ci-après permettent de poser quelques repères pour montrer le passage du système SAPPE à la méthode ESPERE et proposent une manière de voir la spirale du changement individuel.

LA SPIRALE DU CHANGEMENT

L'image d'une spirale est communément utilisée pour évoquer la trajectoire du changement qui serait comme le résultat de déplacements et d'oscillations dans deux directions, l'horizontale et la verticale, avec, entre les deux, la formation du mouvement des boucles en termes

1. Pierre Bourdieu, *Contre-feux*, coll. « Raison d'agir », éd. Liber, 1998.

DU SYSTÈME *SAPPE* À LA MÉTHODE *ESPERE* : QUELQUES REPÈRES DE BASE

PRATIQUES HABITUELLES DU SYSTÈME *SAPPE*	POSSIBILITÉS DE FAIRE AUTREMENT	MOYENS À SE DONNER
Parler *sur* l'autre.	Parler *à* l'autre.	Je parle de moi. J'utilise le « je ».
Rester dans le « on » et dans les généralités.	Personnaliser l'échange.	Je témoigne. Je m'implique.
Se laisser définir.	Se positionner. S'affirmer.	J'ose me différencier tel(le) que je suis.
Anticiper et penser à la place de l'autre.	Inviter l'autre à se dire.	J'énonce mon ressenti et mes demandes.
Vouloir faire *pour* l'autre ou à sa place, pour son bien.	Accepter de faire *avec* l'autre, et parfois de laisser l'autre faire.	Je découvre que toute relation a deux extrémités. Je ne suis responsable que de la mienne.
Réagir dans l'opposition ou dans la soumission.	Privilégier l'apposition.	Je refuse la polémique. Je renonce à l'approbation.
Recourir aux sentiments comme argument refuge.	Différencier sentiments et relation.	Je fais porter l'échange sur les enjeux de la relation.
Rester centré sur les peurs et les entretenir.	Reconnaître le désir qui se cache derrière toute peur.	Je prends le risque d'écouter mes désirs (ce qui ne veut pas forcément dire les satisfaire).
Cultiver la victimisation et l'aide/assistanat, ou l'accusation.	Se responsabiliser dans ses propres actes et ses engagements.	Je prends conscience que je suis co-auteur de toutes mes relations.
Confondre la personne et son comportement.	Différencier la personne de ses actes, de ce qu'elle fait.	Je m'interroge sur le sens de mes comportements.
Chercher à supprimer les symtômes et les comportements atypiques.	Au-delà des causes, entendre les symptômes comme des langages à part entière.	J'écoute, je me décentre pour permettre à celui qui parle d'entendre ce qu'il dit.

de progression ou parfois de régression. Dans l'univers du changement personnel, le déroulé de cette évolution sur le plan horizontal se dessine à partir des pas que nous faisons latéralement ou sur le côté de la réalité ; c'est ce qu'on appelle couramment avoir du recul ou prendre de la distance.

Dans le cadre de la méthode ESPERE, ces pas de côté seront facilités par toutes les références et les propositions qui aident au travail de différenciation (par exemple ne pas confondre le sujet et l'objet, la personne qui parle et ses actes ou ce qu'elle dit), toutes les références qui permettent le passage du réactionnel au relationnel.

Le vrillage de la spirale va s'opérer sous l'impulsion des prises de conscience, des déclics, de toutes les informations qui nous modifient en introduisant une différence significative dans notre manière de voir et de penser ; par

SYSTÈME *SAPPE*	MÉTHODE *ESPERE*
Communication de consommation basée sur la multiplication des réseaux de communication et l'augmentation de la densité de l'information.	Communication relationnelle qui privilégie le partage, la mise en commun et la mise en mots.
Attitudes réactionnelles et infantilisantes de l'ordre de l'exigence : – En tout ou rien. – Selon le principe du « ou bien, ou bien » entre tension et excitation/décharge.	Attitudes favorisant la maturation, à partir d'affirmations claires qui s'appuient sur des positions variées et nuancées.
Tendance à l'activisme dans le faire et attrait pour la possession et la jouissance de l'avoir.	Accession à l'être et à la possibilité de proposer une qualité de présence et d'écoute.
Accumulation de savoirs et de savoir-faire.	Développement du savoir-être, du savoir-créer, du savoir-devenir.

les issues trouvées aux tensions, aux pressions, aux contradictions que nous sommes amené à vivre au cours de notre vie, et que nous allons résoudre en termes de choix, de positionnement, d'engagement, par les tournants, les virages ou les bifurcations que nous prenons parfois.

Tous les repères proposés par la méthode ESPERE et résumés dans le tableau précédent, tous les moyens qui contribuent à améliorer la relation et la communication avec soi-même vont ici jouer leur rôle dans le sens de fluidifier, d'assouplir et de vivifier l'arrondi de la boucle.

Le mouvement descendant de la spirale se formera à l'occasion des retours en arrière que nous ferons, des résistances contre lesquelles nous buterons, des épreuves que nous rencontrerons et aussi du travail d'approfondissement que nous pourrons entreprendre.

Enfin, la spirale amorcera son mouvement ascendant, propulsée par les différents sauts de conscience que nous avons à opérer dans les multiples registres du réel.

Comme le montre le tableau ci-contre, ne plus entretenir le système SAPPE, c'est se donner des moyens pratiques et concrets, inscrits dans les actes, les choix et les engagements de la vie relationnelle, au quotidien, pour entreprendre un de ces sauts qui permettra de passer d'une manière de réagir dans le quantitatif à une façon d'être dans le qualitatif.

On peut avoir la connaissance universelle,
on en revient toujours à ceci : la pratique.
Rentrer à la maison et, pas à pas,
mettre à exécution ce que nous savons,
aussi longtemps que nécessaire,
le plus longtemps possible ou jusqu'à la fin.

CLARISSA PINKOLA ESTÉS

Charte de bien-être avec soi-même, ou comment accepter d'être un meilleur compagnon pour soi-même

1. Je peux découvrir à tout âge que je suis partie prenante et co-auteur de tout ce qui m'arrive.
2. Je peux apprendre à n'entretenir ni accusation sur l'autre ni auto-accusation pour tout ce qui surgit dans ma vie.
3. S'il me vient de l'autre, des autres, de l'environnement, un événement, une parole ou un acte qui me fait violence, je peux nommer mon ressenti et remettre chez l'autre ce qui lui appartient quand ce qu'il m'a envoyé n'est pas bon pour moi.
4. Quand me vient de l'autre, des autres ou de l'environnement un événement, un acte ou une parole que je peux accueillir comme un cadeau ou une gratification, il m'appartient de le recevoir et de lui donner un prolongement en moi. Ma liberté intérieure en sera d'autant plus agrandie, mes ressources confortées et mes énergies ressourcées et amplifiées. Ma responsabilité en sera de rayonner et de contribuer ainsi à nourrir de plus d'amour l'espace de ma vie.
5. Chaque fois que je prends le risque de me positionner, de m'affirmer en me respectant, je prends le risque de me différencier. Ce faisant, je peux heurter des sensibilités, contrarier des croyances et ne pas obtenir l'approbation ou l'aval de mon entourage. Je peux apprendre à cohabiter avec ma solitude.
6. En osant des demandes directes et ouvertes, j'accepte aussi de ne pas contrôler la réponse de l'autre. Je

prends donc le risque et la liberté d'accueillir cette réponse, qu'elle soit positive ou négative.

7. En passant du réactionnel au relationnel, j'agrandis les possibles de l'échange.
8. En m'appuyant sur quelques outils susceptibles de favoriser la communication (écharpe, visualisation, symbolisation) et en appliquant quelques règles d'hygiène relationnelle, je me rends plus cohérent et plus consistant pour développer des relations créatives. Je nourris ainsi la *vivance* de ma vie (voir p. 181).
9. J'agrandis et je développe mon autonomie et ma liberté chaque fois que j'apprends à prendre soin de mes besoins, de mes désirs ou de mes sentiments sans les faire peser sur l'autre.
10. Quand je ne confonds plus culpabilité, culpabilisation (venant de l'autre) et autoculpabilisation, j'inscris un meilleur ancrage dans la réalité et je propose aussi une référence moins parasitée, moins encombrée et moins projective à l'autre.
11. Ma capacité à rester centré dépendra de ma rigueur à ne pas me laisser polluer par des relations énergétivores. Elle sera aussi fonction de mon ouverture à accueillir les relations énergétigènes.
12. Si j'accepte de découvrir que tout changement personnel a un prix à payer en termes d'exigences, de rigueur, de renoncements, de distanciation ou de ruptures nécessaires, je vais me relier plus profondément au divin qui est en moi et confirmer la dimension spirituelle qui m'habite.

La pire des solitudes n'est pas d'être seul mais d'être un compagnon... épouvantable pour soi-même.

Les cadeaux de la vie

Les violences, les situations négatives, les difficultés rencontrées sur les chemins de nos vies semblent laisser plus de traces dans notre esprit, dans notre mémoire, dans notre corps ou dans notre histoire que les événements heureux que nous avons pu vivre.

Elles se déposent en creux, comme des failles, ouvrent des incomplétudes ou révèlent des manques. Elles s'inscrivent comme des blessures, comme des pages froissées ou déchirées de notre histoire que nous nous empressons de tourner, de mettre de côté, d'oublier.

Tout se passe comme si notre plan de conscience restait englué dans une perception clivée et fondamentalement duelle de la réalité : d'un côté tout le bon, tout ce qui relève de l'ordre du plaisir, du gratifiant et du rassurant (tous les messages de cette nature sont cultivés, engrangés, recherchés ou même déifiés dans une idéologie positiviste) ; d'un autre côté, tout ce qui génère du déplaisir, confronte à l'inacceptable, à l'insécurisant, qui sera nié, chassé, pourfendu et restera cependant si présent par les traces profondes qu'il laisse en nous.

Tout se passe comme si nous n'avions pas appris à décoder les messages de vie contenus dans chaque événement au-delà de sa connotation immédiate de souffrance, d'obstacle ou de difficulté ; comme si nous ne savions pas percevoir, et encore moins accueillir, les phénomènes gratifiants, les faits positifs, les cadeaux de la vie, cachés mais présents... dans tout ce qui nous arrive.

Les Indiens de l'extrême côte ouest du Canada prétendent que « tout événement, toute rencontre recèle un cadeau » pourvu que nous acceptions de le découvrir en tant que tel.

Une telle disponibilité d'accueil, une telle disposition suppose que nous puissions entrer dans une forme d'accord particulier, dans une harmonie au sens vibratoire du terme, entre ce qui nous vient de la vie et la façon dont nous allons le percevoir, le recevoir, l'intégrer et l'assimiler.

En fait, tout se joue dans l'alchimie d'une rencontre mystérieuse et subtile où l'extérieur et l'intérieur, la réalité et le réel vont se mêler et laisser émerger le sens profond d'un acte ou d'une situation unique.

Le « réel » devient ainsi la transformation personnelle et propre à chacun d'une part de réalité.

Cette jeune femme avait gagné deux places gratuites pour un concert de jazz offertes par un grand quotidien suisse. Elle avait été accueillie au salon des VIP, gratifiée de multiples cadeaux : sac, disque, stylo... À l'entracte, en allant boire un rafraîchissement, elle pose son porte-monnaie au pied de sa chaise ainsi que son verre vide afin de libérer ses mains pour déguster une barre de chocolat, puis dans la fébrilité de l'instant oublie porte-monnaie et sac. Rentrant chez elle, elle découvre l'étendue de ses pertes : argent, papiers, cartes de crédit. Elle s'affole, imagine le pire et commence à se torturer en se reprochant tantôt d'avoir fait, tantôt de ne pas avoir fait... Puis, dans un mouvement de retour sur elle-même, elle écoute son ressenti, entend que quelqu'un pourrait avoir trouvé son porte-monnaie, et surtout ses papiers, et passe le reste de la matinée dans cette énergie positive. Elle déclara plus tard : « Moi qui venais de perdre quelque chose, je me sentais dans le *donner.* » En fin de matinée, le téléphone sonne et elle entend quelqu'un lui annoncer que tout est retrouvé intact : porte-monnaie, papiers, cartes de crédit et argent liquide. Il s'agissait d'un jeune couple qui, ayant assisté au même concert, avait aperçu le porte-monnaie et le sac oubliés sous la chaise. Elle ajoutera : « Nous sommes devenus proches par la suite, j'ai senti un courant d'affinités très fort entre l'homme et la femme de ce couple et moi. C'est ainsi que des amis sont entrés dans ma vie. »

Quand nous connaissons des ennuis, des tracas ou des contrariétés, quand il nous arrive un accident, quand la maladie survient, quand un être aimé nous quitte, il nous est difficile dans un premier temps de percevoir en quoi ces événements peuvent être positifs, en quoi ils sont porteurs d'un cadeau ! Les faits bruts, la violence qu'ils portent nous irritent, nous révoltent, nous abusent et nous déstabilisent. Ils suscitent des attitudes réactionnelles ou défensives. Parfois même ils nous blessent, nous meurtrissent, peuvent nous atteindre au plus profond et détruire une part essentielle de nous-même. Un retour sur soi, un travail d'intériorisation et de conscientisation seront nécessaires avant de retrouver vivace l'étincelle de vie fragile, le possible d'une ouverture et d'un changement après la période de désécurisation traversée. Avant de découvrir la part de miracle offerte dans ce qui ne s'était donné à voir, au premier abord, que sous l'apparence de la violence, du chaos, de l'injustice ou du désarroi inacceptable.

« Quand mon ami m'a quittée, j'ai cru mon existence finie. Je me suis vécue comme n'ayant plus aucune valeur, ni aucune utilité sur terre, je n'avais plus aucune raison de vivre. Et quand une amie me proposa de venir la rejoindre à l'étranger, je l'ai fait pour elle, du moins je le croyais. Six mois après, je le faisais pour moi en commençant une formation. Je suis persuadée que je ne serais pas la femme que je suis aujourd'hui si je n'avais pas entendu les signaux qui m'appelaient hors de moi..., hors de mon pays. »

« Cette maladie a été un véritable révélateur. J'ai changé mon mode de vie, ma façon de m'habiller, mes loisirs sont devenus une fête. Bien sûr, j'ai perdu des amis, mais j'en ai rencontrés d'autres. »

Un événement traumatique peut servir de révélateur à des potentialités inexploitées, à des aspects inexplorés de nous-même.

Une crise, un conflit aigu peuvent être un catalyseur pour rassembler des énergies éparses, pour mobiliser des richesses méconnues, pour réveiller des potentialités inattendues.

La vie contient beaucoup de cadeaux. Le mécanisme semble être le suivant. Les signaux positifs, quand ils sont reçus comme tels et engrangés, donnent de l'énergie et cette énergie se transforme d'une certaine façon en rayonnement de bien-être, en amour. À l'inverse, les signaux négatifs peuvent être perçus comme des violences qui réveillent des blessures, lesquelles sécrètent à leur tour de la souffrance. La souffrance, le ressentiment dévitalisent, consomment de l'énergie.

Ainsi, nous pourrions envisager un apprentissage des relations humaines qui nous permette d'accueillir avec gratitude la vie contenue dans tout événement, dans toute rencontre, dans tout échange.

Car c'est bien de cela qu'il s'agit. Être vivant, c'est accueillir la vie. Nous ne recevons pas seulement de la vie au moment de notre conception ou de notre naissance, comme un capital qui serait définitivement acquis et qu'il s'agirait de gérer tout au long d'une existence terrestre. Je crois que nous pouvons accueillir, dynamiser la vie qui vient à notre rencontre sous toutes ses formes, telle qu'elle se présente à nous dans le quotidien d'une existence.

Dans toute rencontre, à travers les stimulations qui nous viennent à la fois de la nature, des êtres, des événements et des situations qui interagissent avec nous, la vie est présente, partout présente, ne demandant qu'à rencontrer de la vie. Nous sommes en quelque sorte des relais, des passeurs de vie.

Accueillir la vie, la valoriser, l'amplifier et la répandre à notre tour, tel peut être le sens de notre passage sur la Terre. Ainsi pourrions-nous renoncer à beaucoup de leurres, à beaucoup de mythologies autour de l'amour. Nous pourrions, apprenant à nous aimer, élargir nos relations en termes d'« écologie relationnelle ».

Nous recevons des cadeaux de vie si nous savons les accueillir, mais nous pouvons aussi en offrir, en répandre, en créer. Chacun pourrait s'interroger le soir avant de s'endormir :

Quel cadeau de vie ai-je pu offrir aujourd'hui ? Quelle parole, quel regard, quel sourire, quel geste, quelle acceptation, quelle confirmation ai-je offerts, ai-je reçus, ai-je révélés ?

Qui chaque jour peut donner à celui qu'il rencontre le sentiment d'accroître sa vie, d'embellir son regard, d'accéder à sa parole, de se sentir plus aimable, plus présent ?

Qui peut faire le projet de mieux s'accepter, d'oser s'aimer et d'aimer à plein temps ?

Devenir ainsi un semeur de Vie.

La vie est une sorte de cadeau qu'on possède
un petit moment – seulement.

HERBJØRG WASSMO

Il y a un espoir de divin qui sommeille en chacun de nous !

Dans le message de la plupart des sages, et en particulier dans celui du Bouddha tel qu'il nous est parvenu, une invitation personnelle est adressée à chacun : celle de dépasser le monde des apparences pour accéder au sens profond de toute existence, à savoir le respect de la vie sous toutes ses formes.

C'est l'actualité urgente de ce message qu'il me paraît utile de rappeler en cette fin de siècle et à l'aube du IIIe millénaire.

Car ce qui me semble aujourd'hui le plus maltraité, et donc le plus menacé en chaque être vivant sur cette planète, c'est non seulement le sens, mais surtout la *vivance* de la vie.

J'appelle *vivance* de la vie cette qualité de vibration jubilatoire, cette profusion vitale et frémissante, cette profondeur grave, cette dynamique chargée de force et de puissance déposée en chacun au moment de sa conception et qu'il nous appartient d'entretenir et d'amplifier dans le cycle d'une existence. Cette énergie dont nous sommes les particules éternelles nous relie, en amont, à nos ancêtres lointains ou plus proches ; en aval, nous la transmettrons à nos héritiers. Elle circule et se propage dans et à travers le vivant sur la planète Terre, ou bien se cristallise, se coagule quand la palpitation de la vie est ralentie, figée, engourdie, bloquée, atrophiée ou stérilisée, comme cela me semble être de plus en plus souvent le cas dans nos modes d'existence, dans nos pratiques de prédateurs, dans une fuite de plus en plus effrénée vers le fonctionnel et le virtuel.

Nombreux sont les signes qui devraient nous alerter sur ces ravages. La vie est blessée, agressée par les violences infligées à la nature, par la façon dont nous nous nourrissons et nous logeons. Par le consumérisme outrancier autour des loisirs, par la désertification relationnelle et la non-convivialité des grandes métropoles ; par la pauvreté, la paupérisation émotionnelle et affective d'un nombre croissant d'hommes, de femmes et d'enfants ; par les violences physiques, matérielles et morales qui pèsent sur près de quatre-vingts pour cent de l'humanité ; enfin par un phénomène moins visible et plus subtil aussi : notre rupture avec le symbolique[1].

D'abord récupéré par les grandes religions, celui-ci est aujourd'hui vidé de toute sa substance créatrice par des multinationales sans scrupules qui nous le proposent (nous l'imposent, devrais-je dire) sous forme de succédanés insipides.

Ceux qui ont vu *Sept ans au Tibet*[2], le film de Jean-Jacques Annaud, ont certainement été marqués comme moi par cette scène : des moines ont préparé un mandala d'accueil à l'occasion de l'arrivée de la mission chinoise, qui devait être reçue par le jeune Dalaï-Lama. Ils assistent à la destruction de cette création qu'ils voient piétinée, écrasée et rejetée avec mépris, comme un objet inutile et sans valeur par le général responsable de la mission.

Je peux imaginer que chaque spectateur s'est senti atteint, blessé, peut-être même souillé par ce geste, sans trop saisir et identifier cependant ce qui était meurtri ou sali en lui.

---

1. *Cf.* « Le symbolique : de la rupture à la réhabilitation », p. 117.
2. Film sorti en 1997.

Le monde moderne est rempli de fétiches de pacotille, de colifichets, d'objets ritualisés qui nous sont présentés comme porteurs de pouvoirs ou de messages à l'adresse de la divinité qui s'y rapporte. Ces objets, liés à la culture d'appropriation et de récupération qui est devenue la nôtre, sont plus de l'ordre du faire que de l'ordre de l'être.

La fonction symbolique, vitale pour notre aspiration de relation au divin, me paraît de plus en plus absente de notre vie. Elle fait l'objet d'une ignorance grave et d'une méconnaissance fort regrettable dans l'éducation actuelle.

Si je prends comme exemple les rites d'initiation et de passage qui existent dans toutes les cultures depuis les débuts de l'humanité, je constate qu'ils ne sont plus pratiqués ou, quand c'est le cas, qu'ils sont dévoyés de leur signification fondamentale première. Leur disparition va ouvrir la porte, j'en suis convaincu, à des passages à l'acte somatique et à des crises graves. Combien de maladies ne sont que l'équivalent métaphorique d'une carence du symbolique dans la vie d'un enfant, d'un adolescent surtout, ou d'un adulte, par rapport à la relation blessée qu'il entretient avec l'univers !

À travers tous ces phénomènes, certains d'entre nous sentons plus ou moins clairement que la *vivance* de la vie s'altère chaque jour davantage, que nous sommes en déperdition de vitalité.

Et je vais énoncer ce qui peut apparaître comme un paradoxe : il me semble qu'il y a moins de vie vivante et palpitante chez les cinq milliards huits cents millions d'êtres humains qui peuplent aujourd'hui notre planète que dans le milliard et demi d'hommes et de femmes qui l'habitaient il y a à peine deux siècles. La densité de vie y était certainement plus concentrée, plus intense, même si les conditions d'existence étaient incroyablement plus difficiles, même si la durée de la vie était deux à trois fois plus courte !

Oui, la vie s'épuise et se stérilise quand ses racines et ses fondements essentiels sont trop maltraités et meurtris, quand ils ne sont plus irrigués ou nourris.

Quand Sâkyamuni, devenu Bouddha juste après son éveil, énonça ce qu'il est convenu d'appeler dans le bouddhisme les « quatre nobles vérités », je crois qu'il proposait là une véritable éthique de vie à laquelle chaque être humain peut encore aujourd'hui se référer. Car ces énoncés fondateurs du bouddhisme reposent à mon sens sur un mot clé : responsabilisation. J'en rappelle ici le contenu :

Quel est le chemin à accomplir pour découvrir la réalité de la maladie ou du mal être ?

La maladie et la souffrance existent certes, chaque être humain peut les rencontrer à divers degrés et sous des formes variées, propres à chacun. Mais il est possible de ne pas les cultiver et surtout de ne pas les entretenir en nous !

Quel chemin parcourir pour entendre le sens de la souffrance ?

La souffrance a toujours une cause, mais surtout un sens, une origine liée à nos actes, à nos pensées, à nos modes de vivre et en particulier à nos conflits internes.

Quels chemins traverser pour accepter de se guérir et de renoncer à la souffrance ?

Car la souffrance peut avoir un terme si nous acceptons de nous responsabiliser par rapport aux deux premiers énoncés.

Quels chemins approfondir pour atteindre les voies d'accès à la compréhension d'une vie centrée sur l'écoute de l'interdépendance et de la compassion et sur la sensibilité à l'impermanence de toute chose ?

Ici, les chemins et les voies sont divers. À chacun de se mettre à l'écoute de ceux qui le conduiront au plus près de sa propre vérité.

Avant d'être un homme, il n'est pas inutile de rappeler que Sâkyamuni a été un enfant. Dans un tout petit livre[1], j'ai tenté de montrer ce qui m'a paru extraordinairement fécond chez cet enfant : la capacité dont il a su faire preuve de se responsabiliser face aux événements et à la programmation de sa vie, définie et tracée par ses parents, par son milieu et ses origines ; sa capacité, aussi, à démystifier les apparences et les modèles qui lui furent présentés comme étant le réel.

Le Bouddha, et cette attitude me semble exemplaire elle aussi, ne témoignera tout au long de sa vie que de lui-même, de sa recherche, de son expérience et de sa pratique. Et même si le bouddhisme paraît avancer qu'il n'existe pas de libre arbitre, que chacun reste soumis en quelque sorte au déterminisme de son karma, je ressens au contraire combien l'invitation qui nous est adressée à travers l'enfance de cet homme revient à considérer toute existence comme une entreprise de libération.

Le Bouddha nous apprend que la liberté n'est pas donnée, qu'elle est une conquête, une construction permanente dans l'ici et maintenant de notre cycle de vie, et qu'elle ne s'acquiert et se conquiert que par la responsabilisation.

1. *L'Enfant Bouddha*, éd. Albin Michel, 1993.

C'est cette responsabilisation, possible pour chacun d'entre nous, qu'il m'a paru important d'approcher dans ses multiples visages et d'introduire dans nos vies.

Quatre responsabilisations fondamentales nous incombent, me semble-t-il, si nous acceptons de les entendre.

RESPONSABILISATION DE CONSCIENCE

C'est l'équivalent d'une ascèse personnelle, exigeante et durable. Au-delà de tous nos conditionnements, de notre culture ou de nos croyances, en acceptant aussi la part de travail invisible de notre inconscient, il nous appartient de cultiver lucidité et vigilance sur la qualité des perceptions et des signaux que nous pouvons envoyer et recevoir de l'extérieur. Sur le sens, également, de la relation que nous établissons avec nous-même dans notre rapport au monde, pour découvrir que la personne avec laquelle nous passons l'essentiel de notre existence, c'est nous-même.

J'ai pris conscience très tard, pour ma part, que je n'avais pas été un bon compagnon pour moi et qu'il m'appartenait de réparer cette erreur en prenant tout d'abord conscience de cette négligence vis-à-vis de moi-même.

Ce que nous considérons habituellement comme le bien-être, et même parfois comme le bonheur, n'est le plus souvent que la forme atténuée ou endormie d'une souffrance en léthargie. Nous croyons être paisibles, sereins, alors que nous dépensons beaucoup d'énergie à faire taire nos souffrances ; ou alors, tout simplement, nos souffrances et nos blessures sont calmées et maintenues silencieuses par un mode de vie et des relations qui ne les réactivent qu'au minimum. Il n'est ni souhaitable ni sain de réduire le bien-être, et même le bonheur, à cette seule dimension de peau de chagrin.

Il me paraît au contraire important de rappeler qu'il est de la responsabilité de chacun de mieux percevoir et entendre que l'origine de ses souffrances réside en lui-même, dans le fond inoublié de ses blessures premières – ou anciennes, comme je préfère les appeler –, des blessures anciennes qui se réveillent et se réactualisent parfois violemment à l'occasion d'une crise, d'une déstabilisation, lors de la rencontre avec des déceptions, des frustrations, par l'irruption de conflits ou de violences dans notre vie actuelle. Elles peuvent s'entendre à trois niveaux :

- Un niveau archaïque ou prénatal, qui se situe dans le temps de la gestation. Les blessures relatives à cette époque s'articulent autour de la séparation et de la perte, du désir de symbiose ou de fusion avec l'autre, avec des angoisses relatives à la peur de l'abandon.
- Un niveau primitif. Ces blessures s'inscrivent dans les premiers mois de la vie aérienne, autour du manque et de la privation, en relation directe avec la non-satisfaction des besoins fondamentaux (faim, soif, chaleur, sécurité, reconnaissance identitaire et stabilité de l'environnement).
- Un niveau primaire. Ces blessures se structurent au cours de la petite enfance dans la confrontation vécue ou la rencontre avec trois sortes de phénomènes : l'injustice, l'humiliation ou l'impuissance.

Il appartient donc à chacun de ne plus s'abuser et de cesser d'accuser autrui d'être le responsable de sa souffrance ou de ses manques. Passer de la victimisation à l'affirmation, et donc à la responsabilisation, suppose qu'on accepte de ne plus se complaire dans la dépendance ou l'impuissance. Accéder à la reconnaissance de ses blessures et de ses besoins, apprendre à développer des capacités d'autonomie et de prise en charge personnelle, des moyens visant à satisfaire ses propres besoins, telles sont les bases d'une liberté d'être à la fois plus centrée et plus ouverte. Cette responsabilité de conscience constitue un pas essentiel vers le respect de soi.

RESPONSABILISATION PAR RAPPORT À LA QUALITÉ DE NOS RELATIONS À AUTRUI

Nous sommes fondamentalement des êtres de relation, impliqués ou engagés dans des relations multiples dont le maillage va tresser le réseau de notre accord ou de notre désaccord avec le monde. Ces relations vont nous nourrir ou nous aliéner.

Nous recevons habituellement deux principaux types de message en provenance d'autrui et il nous appartient d'apprendre à les identifier :

• Des messages positifs de reconnaissance, de bienveillance ou des messages cadeaux qui seront nourrissants et stimulants pour notre développement et notre croissance. Ces messages nous confirment, nous valorisent et nous prolongent, avec tous nos possibles, jusqu'au meilleur de nous-même et de l'autre.

• Des messages négatifs, disqualifiants ou polluants qui seront de véritables poisons pour notre existence. Ces messages inhibent, maltraitent et blessent nos potentialités et nos ressources. Ils nous acculent à des positions de fuite, d'agressivité ou de violence dirigées tantôt sur soi (autoviolence) et tantôt sur autrui (hétéroviolence).

Ces messages se différencient par leur nature, positive ou négative, qui dépendra en partie de celui qui les émet. Précisons cependant que le sens attribué au départ, selon l'intention de l'émetteur, ne sera pas toujours perçu en tant que tel. Car c'est celui qui reçoit le message qui lui donne un sens. Autrement dit, un message peut être émis avec une intentionnalité positive, mais produire un impact négatif !

Il ne suffit pas non plus que l'autre m'envoie un message positif pour que je le perçoive en tant que tel ! Encore faut-il que je sache le recevoir, l'accueillir et peut-être l'amplifier pour l'enrichir à mon tour !

Trois alternatives relationnelles s'offrent ainsi à chacun de nous, autant de choix dont nous sommes entièrement responsables :

• Si je sais accueillir un message positif, j'augmente et j'agrandis la vitalité de ma vie, je stimule et renouvelle mes énergies, je deviens alors plus énergétigène, je développe une qualité d'amour pour moi qui constitue cette part d'« amour de soi » pétrie de confiance, d'estime et de chaleur bienveillante.

En nourrissant ainsi ma vitalité, je suis bien responsable de la qualité d'être, de santé et de créativité que je peux m'offrir et proposer à mon entourage par la qualité de ma présence, par mon rayonnement direct ou indirect.

• Si je laisse trop souvent venir vers moi des messages négatifs, je me dévitalise. Mes énergies sont réquisitionnées pour cette lutte interne, mon immunité baisse, je deviens énergétivore. L'amour de soi diminue et parfois se stérilise.

La conséquence en est que je suis en survie. Je deviens alors plus vulnérable aux agressions, aux maladies, je peux même me comporter comme un compagnon épouvantable ou terroriste pour moi-même. En maltraitant, par ma passivité ou par ce que j'appelle de la fausse tolérance, mes ressources fondamentales, j'altère la *vivance* de mes jours et dénature mes potentialités de vie.

• Si, en revanche, j'ai appris et intégré l'idée qu'il est possible de restituer à autrui tout message qui me fait violence, je garde et j'entretiens ma cohérence. Si je replace chez l'autre toute attitude, tout geste ou comportement que je peux recevoir comme une violation morale, verbale ou physique de mon intégrité personnelle, ou plus simplement si je remets chez autrui ce qui n'est pas bon pour moi, je permets au moins que mes ressources restent intactes et entières.

Je n'ai pas plus d'énergie, mais au moins je n'en ai pas perdu ! Je n'ai pas plus d'amour en moi pour moi, mais au moins je me suis respecté ! Je n'ai pas altéré la *vivance* de ma vie.

Sachant que je n'ai pas de moyen direct de contrôler tout ce qui me vient de l'autre ou de l'extérieur, c'est en m'appuyant sur le premier et le troisième de ces positionnements relationnels que je fonde la responsabilité de toute relation à autrui, que j'entretiens ou que je vivifie la vivance de ma vie.

En ne laissant à personne d'autre que moi le soin de faire pour moi !

En me responsabilisant face à la satisfaction de mes besoins, je peux accéder à plus d'autonomie relationnelle et à une valeur combien plus précieuse encore : la liberté d'être.

En reconnaissant que la liberté, c'est se donner les moyens de choisir et que choisir c'est renoncer, je peux sortir des pièges du tout ou rien et donc de l'exigence terroriste envers autrui. Sortir aussi de l'autoprivation réactionnelle et culpabilisante que je m'impose parfois.

Choisir, c'est aussi maintenir au minimum l'illusion de la toute-puissance infantile qui nous habite depuis nos toutes premières années.

Nous voyons là les préalables nécessaires à toute perspective de maturation pour exister au plein de la vie.

RESPONSABILISATION D'ENGAGEMENT

Elle correspond au dépassement de certaines croyances qui emprisonnent et suppose l'accès à la relativité. En ne confondant plus sentiments et relation, je me rends compte que je peux éprouver des sentiments intenses et passionnés pour quelqu'un et cependant lui proposer, ou accepter de lui, une relation invivable. Je n'aurai pas à m'abriter derrière l'argument de la toute-puissance de mes sentiments pour tenter de résoudre mes difficultés relationnelles, mais je serai amené à mettre en œuvre quelques règles d'hygiène relationnelle pour construire des relations de partage et de créativité en réciprocité.

Je peux ainsi découvrir qu'il m'appartient d'apprendre à m'aimer pour pouvoir aimer, et ainsi ne pas rester dans le besoin impérieux ou l'exigence d'être aimé ; en acceptant par exemple l'idée que derrière toute peur se cache un désir, en reconnaissant que le pôle opposé à la peur est le désir. En cessant de me laisser traquer par l'angoisse et limiter par l'inhibition, c'est le mouvement et la fantaisie que j'introduis dans ma vie

Je peux aussi entendre qu'aux antipodes du refus, de la violence ou de la privation règne le domaine de l'amour.

Lorsque nous aimons, nous déposons nos défenses, nous abattons nos barrières, nous laissons entrer, au cœur de ce que nous avons de plus vulnérable en nous, l'imprévisible de l'autre.

Car trop souvent dans l'amour, qui dans son essence même est à la fois de l'ordre de la révélation et de l'ordre de la création, la frontière risque de se dissoudre entre ce qui est moi et ce qui ne l'est pas.

Entre cette partie de moi qui ressent ce qui est hors de moi, dans la différence ou l'altérité, et ce qui est le *toi* ou l'autre s'interpose tout l'espace de la relation, c'est-à-dire une confrontation possible, régulée ou régulable par la tolérance.

L'autre étant tout ce qui n'est pas moi, le risque ou le piège est, au nom de l'amour, de rechercher ou d'entretenir la collusion et la confusion dans un *nous* qui va se révéler trop souvent un leurre.

De même, l'amorce de réconciliation vers le tout, qui est le propre du don d'amour reçu et amplifié, ne veut pas dire fusion, confusion ou aliénation et perte de soi dans ce tout.

La responsabilité d'engagement portera sur cette découverte fondamentale : pouvoir aimer sans s'égarer dans l'autre, pouvoir accéder au tout et cependant ne pas se perdre ou se fondre dans ce tout au point de ne plus avoir d'identité propre. Pour sentir que je fais partie d'un ensemble sans en être la totalité, que j'appartiens bien à un tout plus vaste que la réunion de toutes ses parties, que le divin m'habite sans que je sois tout ce divin.

J'appelle divin le point focal où s'unifie toute chose. C'est aussi une force, un lien intemporel à la fois fragile et incroyablement résistant, qui me relie de façon permanente à un tout, en respectant mon unicité.

RESPONSABILISATION D'ACTION

Face à la vie et à ses imprévisibles, la prise de conscience n'est jamais suffisante. Elle demande à être prolongée par la capacité d'inscrire ses décisions ou ses engagements sous forme d'une prise directe et concrète sur la réalité.

Le bouddhisme, qui semble s'être appuyé sur un savoir, une pratique et une sagesse plus anciennes – que l'on pourrait appeler primordiales –, nous a aussi apporté un outil fabuleux : la posture et la méditation. Au-delà de notre corps, la posture méditative engage tous nos sens et toutes nos facultés : la totalité de l'être profond se mobilise autour de l'intensité du silence et de l'écoute.

La méditation est une démarche de liberté qui n'entraîne aucune dépendance. En ce sens elle est moderne, car elle ne nous fait dépendre de personne, sinon de notre propre rigueur personnelle à la pratiquer.

Prendre une posture et méditer ne relève d'aucune contrainte extérieure, si ce n'est de trouver un espace protégé de silence et de solitude, ce qui semble aujourd'hui de plus en plus difficile et qui prend parfois des allures de luxe !

La méditation est pour moi un chemin d'action pour retrouver mes énergies, pour me recentrer, pour rester dans l'axe de ma propre existence, pour nourrir surtout et respecter ce lien au divin.

Il y a bien sûr, à partir des positions que j'énonce de façon peut-être trop concise et trop ramassée, beaucoup de discussions et de voies possibles.

Celui qui se met en chemin s'y engage pour des enjeux qui, au départ, peuvent paraître clairs ou s'imposer comme nécessaires ; ce qu'il rencontrera et découvrira ensuite sur son parcours appartiendra à lui seul. Je laisse la recherche d'un état de grâce ou d'infinitude, voire d'illumination, à ceux qui s'en donneront les moyens.

Je me vois pour ma part plein d'humanité et d'interrogations, en chemin vers le meilleur de moi, désireux de rencontrer si possible le meilleur de l'autre. Je me vois tel un passeur de vie, chargé de protéger et de transmettre cette précieuse parcelle de vie qui m'a été confiée. Je me reconnais comme un défenseur farouche de cette graine d'amour et de ce potentiel d'énergie que j'ai reçus à ma conception, que j'ai longtemps maltraités dans ma propre existence, et que je tente aujourd'hui de respecter et d'accroître autant que faire se peut, pour transmettre un peu plus de sa *vivance*.

Et je vois chacun de nous comme un éveilleur potentiel et un passeur de vie, à l'écoute de cette part de divin qui est en lui et qu'il lui sera possible d'amplifier et d'offrir à son tour.

Si le recevoir est au centre,
le don est en haut, le refus en bas.
Reste encore, de part et d'autre,
le dépouillement qui agrandit,
la tolérance qui enrichit.

CONCLUSION

Pour l'homme que je suis, il n'y a pas, je crois, un état de conscience achevé. Ce qui compte le plus n'est pas le résultat. Plus importantes sont les découvertes sur la route de la quête.

La recherche et l'effort de conscientisation ne constituent jamais un aboutissement en eux-mêmes, seulement un chemin qui s'ouvre sans cesse sur des interrogations nouvelles, sur des remises en question. C'est par leur enchaînement inlassable que s'inscrit le déroulement de l'histoire courageuse d'une démarche, celle que nous accomplissons au quotidien, non pour survivre mais pour vivre au cœur du plein de la vie.

Imprimé à Barcelone par:

CPI
BLACK PRINT